國家社科基金重大委托項目"《子海》整理與研究"成果

山東省社科規劃重大委托項目成果

子海精華編

主編　王承略　聶濟冬

春秋繁露

[漢]　董仲舒　撰　張祖偉　點校

山東人民出版社·濟南

國家一級出版社　全國百佳圖書出版單位

圖書在版編目（CIP）數據

春秋繁露/（漢）董仲舒撰；張祖偉點校．--濟南：
山東人民出版社，2018.2
（子海精華編/王承略，聶濟冬主編）
ISBN 978－7－209－11173－7

Ⅰ．①春… Ⅱ．①董… ②張… Ⅲ．①儒家
Ⅳ．①B234.52

中國版本圖書館 CIP 數據核字（2017）第 300826 號

責任編輯：劉　晨　李　濤
封面設計：武　斌

春秋繁露
［漢］董仲舒 撰　張祖偉 點校

主管部門　山東出版傳媒股份有限公司
出版發行　山東人民出版社
社　　址　濟南市英雄山路 165 號
郵　　編　250002
電　　話　總編室（0531）82098914
　　　　　市場部（0531）82098027
網　　址　http：//www.sd－book.com.cn
印　　裝　山東臨沂新華印刷物流集團有限責任公司
經　　銷　新華書店

規　　格　32 開（148mm×210mm）
印　　張　6.25
字　　數　115 千字
版　　次　2018 年 2 月第 1 版
印　　次　2018 年 2 月第 1 次
ISBN 978－7－209－11173－7
定　　價　45.00 圓
　　　　　如有印裝質量問題，請與出版社總編室聯繫調換。

國家社科基金重大委托項目"《子海》整理與研究"成果之一

《子海精華編》

審稿專家：周立昇　鄭慶篤　王洲明　吳慶峰　林開甲　張崇琛

徐有富　鄭傑文　唐子恒　晁岳佩

執行主編：王承略　聶濟冬

執行編纂（按姓氏筆畫排列）：

王成厚　王　娜　尹思琦　曲娟娟　李　兵　宋恩來

苗　露　柏　雲　柳湘瑜　張雨霏　賈　兵　蘇運蕾

編　　務：張　櫻　劉　端　孫紅苑　沈　虎

本書審稿專家：唐子恒

《子海精華編》出版説明

"子海",即"子書淵海"的簡稱。"《子海》整理與研究"課題係國家社科基金重大委托項目、山東省社科規劃重大委托項目。該課題分《珍本編》《精華編》《研究編》《翻譯編》四個版塊,力圖把子部珍稀文獻、精華文獻進行深層次的整理、研究和譯介,挖掘子部文獻的價值,促進子學研究的發展。

山東大學向來以文史見長。古籍整理與子學研究,是其中的傳統研究方向。"《子海》整理與研究",是在山東大學前輩學者高亨先生積三十年之力陸續做成的《先秦諸子研究文獻目錄》的基础上,由已故著名古籍整理與研究專家董治安先生參與策劃、設計的大型綜合研究課題。課題立項後,得到了宣传部、教育部、財政部、山東省政府和山東大學的大力支持,學界同仁踴躍參與。《精華編》的整理研究團隊近兩百人,來自海内外四十八所高校和研究機構。在組織管理上,《精華編》努力探索傳統文化研究協同創新的新體制、新機制,現已呈現出活力和實效。

華夏文明是由多元文化構築而成的。中國古代子部典籍,以歷代士人個性化作品的形式,系統性地展示了華夏民族的世界觀和方法論,立體性地反映了中華民族對世界文明發展的貢獻。其中,無論是宏篇大論,還是叢殘小語,都激蕩着歷史的聲音,閃爍着智慧的光芒,構成中國古代思想、藝術、科技和生活方式的主體內容。《精華編》通過對子部最优秀的典籍的整理,一方面擷英取粹,爲華夏文明的傳播提供可靠的資源和文本;另一方面以古鑒今,爲當下社會的發展提供智力支持和精神支撐。並希望進而梳理中華傳統文化的多元結構,繼承中華優秀傳統文化的一貫文脈。

根據漢代以後子學發展和子部典籍的實際情況,參照官私目録的分類與著録,《精華編》選取先秦諸子、儒學、兵家、法家、農家、醫家、曆算、術數、藝術、雜家、小説家、譜録、釋道、類書等十四個類目的要籍幾百種,編爲目録,作爲整理的依據,而在成果展現上則不出現具體的類目。爲統一體例,便於工作,《精華編》編有詳細的《整理細則》,并有簡明的《整理要則》,供整理者遵循使用。

《精華編》整理原則是,對每種子書的整理,突出學術性、資料性和創新性,力求吸納已有的整理成果,推出更具參考價值、更方便閱讀的整理文本。所采用的整理方式,大體有三種:一、部頭較大且前人未曾整理者,采用標點、校勘的方式整理;二、前人曾經標點、校勘者,或采用抽換更好或別具學術特色底本的方式整理,或采用集校、集注的方式整理,或采用校箋、疏證的方式整理,或綜合使用以上方式;三、前人已有較好的注本者,則采用集注、彙評、補正等方式整理。

《精華編》采用五次校審、遞進推動的管理程式,即:一、初校全稿。子海編纂中心組織碩、博研究生,修改文稿錯别字,規範異體字,調整格式,發現並標明校點中的不妥之處。二、初審文稿。子海編纂中心的編纂人員根據情況,解決初校時發現的問題,並判斷書稿的整體質量。三、匿名評審。聘請資深教授通審全稿,全面進行學術把關,消滅硬傷,寫出審稿意見。四、修改文稿。子海編纂中心及時把專家審稿意見反饋給整理者。整理者根據審稿意見修改,做出新文稿。五、終審文稿。待新文稿返回子海編纂中心後,總編纂做最後的學術質量把關。五步程序完成後,將文稿交付出版社。

五次校審的目的是爲了保證學術質量,提高整理水平,減少錯訛硬傷。但校書如掃塵埃落葉,隨掃隨有,《精華編》雖經多道程序嚴加把關,仍難免有錯,懇請方家不吝指教。子海編纂中心將及時總結經驗,吸取教訓,把工作做得更好,以實現課題設計的初衷。

目　録

整理説明

　　董仲舒，西漢廣川（今河北景縣）人，著名的《春秋》公羊學大家、思想家、哲學家，西漢新儒學的奠基者，被班固稱爲漢代“儒者宗”，在中國儒學發展史及思想史上是一個里程碑式的人物。他繼承並發展了先秦儒學，提出的“天人關係”思想體系及“罷黜百家，獨尊儒術”的主張對西漢乃至整個中國封建社會産生了巨大而深遠的影響。

　　《漢書·董仲舒傳》載其“少治《春秋》，景帝時代立爲博士。下帷講誦，弟子傳以久次相授業，或莫見其面。蓋三年不窺園，其精如此。進退容止，非禮不行，學士皆師尊之”。武帝即位，舉賢良文學之士，董仲舒又以賢良對策，憑藉著名的“天人三策”受到賞識而除江都相。建元六年（前135），遼東郡高廟、長陵高園殿先後發生火災。董仲舒撰《災異論》，欲借天人感應抨擊朝政而獲罪下獄，幸蒙詔赦。其後，又因得罪位高權重的公孫弘而被設計，去輔佐漢武帝的另一個哥哥——凶殘蠻橫的膠西王。雖亦受到善待，但恐久獲罪，於武帝元年（前121）以老病致仕，自是不再復出，只專心修學著述。居家期間，朝廷凡有大事，也經常派使者或廷尉張湯就家諮詢。

董仲舒的著述非常豐富，《漢書》載"皆明經術之意，及上疏條教，凡百二十三篇。而說《春秋》事得失，《聞舉》《玉杯》《蕃露》《清明》《竹林》之屬，復數十篇，十餘萬言，皆傳於後世"。《藝文志》又載，《公羊董仲舒治獄》十六篇，《董仲舒》一百二十三篇。但是在流傳過程中，這些著述出現了比較嚴重的散佚，唐修《隋書》時，僅剩"《春秋繁露》十七卷、《春秋決事》十卷"兩種。如今，整體保存下來的只有《春秋繁露》十七卷以及見於《漢書》本傳中的《舉賢良對策》。而散見於《漢書》《古文苑》等諸書中的其他著述，後人有所輯錄，如明張溥《漢魏六朝百三家集》輯有《漢董仲舒集》，汪士賢《漢魏六朝諸家文集》輯有《董仲舒傳》，清王灝《畿輔叢書》輯有《董子文集》，黃奭《漢學堂叢書》輯有《董仲舒公羊決獄》，馬國翰《玉函山房輯佚書》輯有《春秋決事》，嚴可均《全上古三代秦漢三國六朝文》輯錄董仲舒文章較爲全面。

據考證，《春秋繁露》一書係後人彙編而成，其中還編入了一些他人文章，所以內容、體例及編排等方面有些雜亂，但其書內容思想主旨一致，反映着董仲舒"天人關係"思想體系。《春秋》，我國最早的編年體史書，據傳由孔子修訂，並被其作爲重要教材。其記事語言極爲簡練，然而儒家學派認爲幾乎每個句子都暗含褒貶之意，反映着孔子的思想。《春秋繁露》即爲闡述"《春秋》微言大義"而作，董仲舒宣稱，天是有意志的，是至高無上的神。天按照自己的形體製造了人，人是天的副本，人類的一切都是天的複製品。天子是代替天在人間實行統治的，君主之權是天所授予的，並按天的意志來統治人民。天通過陰陽、五行之氣的變化而體現其意志，主宰社會與自然。社會中君臣父子夫婦的尊卑貴賤，都是天神"陽貴而陰賤"的意志的體現。而根據天意建立起來的這一整套統治制度——"道"，是永恒不變的，即所謂"天不變道亦不變"。對於孔子，董仲舒則宣稱，其爲"素王"，代王者立法。同時，董仲舒還對人性、歷史發展等諸方面發表了基於"天人關係"的見解。他的這一系列思想主張維護了君主專制的神聖不可侵犯性，適應了當時社會政治需求，受到了統治者的歡迎，最終實現了"獨尊"地位，成爲了中國官方的正統哲學，成爲中華民族傳統精神的主幹，對西漢及整個中國封建社會產生了巨大而深遠的影響。在其他著述散佚的狀況下，對我們研究以董仲舒爲代表的漢代新儒學而言，《春秋繁露》無疑是最重要的的典籍。

《春秋繁露》傳世之本的情況，現在我們已經大致掌握。其重要單行本有以下諸本：首先必須關注的是國家圖書館收藏的宋嘉定四年（1211）江右計台刻本（以下簡稱"宋嘉定本"），它是存世最早的版本，十七卷，十行十八字，白口，左右雙邊。"桓""慎""徵""敦"悉缺末筆避諱，"讓"字間有缺末筆。前有樓郁《序》，書末附刻《崇文總目》《中興館閣書目》《晁公武郡齋讀書志》《六一先生書春秋繁露後》《新安程大昌泰之秘書省書繁露後》、樓鑰《跋》、胡榘《跋》。其中樓氏之《跋》給我們提供了非常重要的資訊，敘述了他雖費勁周折擁有了里中寫本、京師印本、羅氏蘭堂本、萍鄉本四個傳本，但皆非善本。里中寫本、京師印本，多有訛誤，羅氏蘭堂本僅有三十七篇。於是他合萍鄉本、潘氏本，各取所長，確定後世定本。清初毛氏汲古閣影宋抄本，存兩册八卷（第5—8、14—17卷），藏於國圖。十行十八字，白口，左右雙邊。比勘可定毛氏影宋抄本的底本即宋嘉定本。

明本中有四個刻本比較重要：一是明正德十一年（1516）錫山華堅蘭雪堂銅活字印本。十七卷，十四行，行十三字，白口，黑魚尾，十七卷終刻"正德丙子季夏錫山蘭雪堂華堅允剛活字銅板校正印行"。存世有國圖藏鐵琴銅劍樓舊藏本、日本靜嘉堂藏士禮居舊藏本等。二是明嘉靖三十三年（1554）周采刻本。九行十七字，四周雙邊，黑口，單黑魚尾。趙維垣《刻〈春秋繁露〉序》稱，此本爲四川布政使司所刻。存世有國圖藏張元濟跋傅增湘校跋並録黃丕烈題識又録張元濟校本、清孔繼涵校並跋本、延古堂李氏舊藏本等。三是明天啓五年（1625）王道焜等刻本。十七卷附録一卷，王道焜《序》云"乙丑結夏山中，與友人趙瀋之、朱堯心校刻於松風潤石下"。中科院圖書館、中國國家博物館、上海圖書館等地有藏。四是明天啓五年（1625）西湖沈氏花齋刻本，十七卷附録一卷。九行二十字，白口，四周單邊，單白魚尾，版心上方題書名，下方記"花齋藏板"。國家圖書館、國家博物館、天津圖書館等地皆有藏。

清諸刻本中最重要的本子是乾隆間武英殿聚珍本，其底本是《永樂大典》中保存的被四庫館臣誤判爲"宋嘉定本"的另一種宋本。《四庫全書總目提要》云："蓋海内藏書之家，不見完本，三四百年於茲矣。今以《永樂大典》所存樓鑰本，詳爲勘訂。"又稱"凡補一千一百餘字，删一百十餘字，改定一千八百二十餘字，神明焕然，頓還舊觀"。這次輯録校勘的"永樂大典本"後由武英殿排印，世稱武英殿聚珍本。此本受到後代學者的重視，清人刊刻《春秋繁露》也多以其爲根據和參考，其中有三個非常有影響力。一是盧文弨校本，盧氏以武英殿聚珍本爲底本，參以明嘉靖蜀中本及明程榮、何允中兩家本。此本有清乾隆間抱經堂刻本，半頁十行，行二十字，白口，單魚尾，左右雙邊，版口署"抱經堂校定本"，藏浙江大學；清孫詒讓批本，藏浙江大學；清吳育録清張惠言校褚德儀跋本，藏上海圖書館；清譚儀跋並録清勵守謙校本，藏湖北圖書館。二是凌曙注本。此本亦以武英殿聚珍本爲底本，並參以明王道焜刻本及武進張惠言讀本。此本有嘉慶二十年（1815）刻本和手稿本。前者四册，藏於

浙江大學，半頁十行，行二十一字，白口，左右雙邊，單魚
尾。後者僅存一至十三卷及十五至十七卷，藏上海圖書館。
三是蘇輿《春秋繁露義證》本。其兼取盧校、凌注，又參明
天啓間朱養和所刊的孫礦評本。此本有清宣統元年（1909）
刻本，藏浙江大學；宣統二年（1910）王先謙刻本，書前有
《春秋繁露考證》一卷，藏北圖等地；稿本，藏湖北圖書館。

此次點校整理，在充分吸收前人如黃丕烈、張元濟、傅
增湘等學術大家及今人崔富章、崔濤等人的學術成果，綜合
比較各個重要單行本的基礎上，選用宋嘉定本（具體選用
2003 年北京圖書館《中華再造善本》影印本）爲底本，盧文
弨校本（1985 年上海古籍出版社影印浙江書局《二十二子》
本，以下簡稱盧本）、凌曙《春秋繁露注》 〔民國 6 年
（1917）鄭堯臣刻龍溪精舍叢書本，以下簡稱凌本〕、蘇輿
《春秋繁露義證》〔宣統二年（1910）王先謙刻本，以下簡稱
蘇本〕爲校本。宋嘉定本不僅僅是存世版本中的最早者，更
是目前已知的第一個經過大規模精心校勘的版本，達到了前
所未有的完善高度，也奠定了後世傳本的面目，在《春秋繁
露》的版本體系中是一個舉足輕重的版本。而盧文弨校本等
三者皆出自另一個母本爲宋本的精校本——武英殿聚珍本，
且又都經過著名學者進一步校勘，同時它們也都未與宋嘉定
本相校勘過，故這四個版本極具校勘價值。

此次整理，在校勘方面，采用版本對校，據盧本、凌本、

蘇本共校正宋嘉定本 270 餘處訛脱錯簡，補全 10 餘處漫漶不清。本着"多聞闕疑"，對於前人的一些非版本對校校勘成果，諸如《竹林弟三》"其何如此尔"之"何"，劉師培《春秋繁露斠補》云"'何'疑'禍'之訛"，《玉英弟四》"固盡不聽"，盧文弨曰"'盡'疑當作'辭'"，采取謹慎態度，暫保持原文。《春秋繁露》歷來文字訛脱、殘缺、錯簡現象嚴重，由於整理者能力有限，此次點校不免有訛誤之處。一個完善文本需要學界的共同努力，校勘訛誤之处，敬请指正。

序①

楼　郁

六經道大而難知，惟《春秋》聖人之志在焉！自孔子沒，莫不有傳，名于傳者五家，用於世纔三而止爾。其後傳出學散，源迷而流分。蓋公羊之學，後有胡母子都、董仲舒治其説，信勤矣。嘗爲武帝置對于篇，又自著書以傳于後，其微言至要，蓋深於《春秋》者也。然聖人之旨在經，經之失傳，傳之失學，故漢諸儒多病專門之見，各務高師之言，至窮智畢學，或不出聖人大中之道，使周公孔子之志既晦而隱焉！董生之書，視諸儒尤博極閎深者也，本傳稱《玉杯》《繁露》《清明》《竹林》之屬，今其書十卷，又揔名《繁露》，其是非請俟賢者辨之。太原王君家藏此書，常謂仲舒之學久鬱不發，將摹印以廣之於天下，就予求序，因書其本末云。慶曆七年二月日。

---

　　① 序、目録、卷一、卷二，宋嘉定本原缺，係後世手抄配補。

卷　一

楚莊王第一

　　楚莊王殺陳夏徵舒，《春秋》貶其文，不予專討也。靈王殺齊慶封而直稱楚子，何也？曰：莊王之行賢，而徵舒之罪重。以賢君討重罪，其於人心善。若不貶，孰知其非正經？《春秋》常於其嫌得者，見其不得也。是故齊桓不予專地而封，晋文不予致王而朝，楚莊弗予專殺而討。三者不得，則諸侯之得，殆恐是"不待"。此矣。① 此楚靈之所以稱子而討也。《春秋》之辭多所況，是文約而法明也。

　　問者曰：不予諸侯之專封，復見於陳、蔡之滅。不予諸侯之專討，獨不復見慶封之殺，何也？曰：《春秋》之用辭，已明者去之，未明者著之。今諸侯之不得專討，固已明矣。而慶封之罪未有所見也，故稱楚子以伯討之，著其罪之宜死，以爲天下大禁。曰：人臣之行，貶主之位，亂國之臣，雖不

_____

① "此"，原作"貶"，據盧本改。

篡殺，其罪皆宜死，比于此其云爾也。

《春秋》曰："晋伐鮮虞。"奚惡乎晋而同夷狄也？曰：《春秋》尊禮而重信，信重於地，禮尊於身。何以知其然也？宋伯姬恐不"恐不"一作"疑"。禮而死於火，齊桓公疑信而虧其地，《春秋》賢而舉之，以爲天下法，曰禮而信。禮無不荅，施無不報，天之數也。今我君臣同姓適女，女無良心，禮以不荅，有恐畏我，何其不夷狄也？公子慶父之亂，魯危殆亡，而齊桓安之。於彼無親，尚來憂我，如何與同姓而殘賊遇我？《詩》云："宛彼鳴鳩，翰飛戾天。我心憂傷，念彼先人。明發不寐，有懷二人。"人皆有此心也。今晋不以同姓憂我，① 而強大厭我，我心望焉。故言之不好，謂之晋而已。是婉辭也。

問者曰：晋惡而不可親，公往而不敢至，乃人情耳。君子何恥而稱公有疾也？曰：惡無故自來，君子不恥。內省不疚，何憂何懼？是已矣。今《春秋》恥之者，昭公有以取之也。臣淩其君，始於文而甚於昭公，受亂陵夷而無懼惕之心，囂囂然輕計妄討，② 犯大禮而取同姓，接不義而重自輕也。人之言曰：國家治則四鄰賀，國家亂則四鄰散。是故季孫專其位而大國莫之正，出走八年，死乃得歸，身亡子危，困之

---

① "晋"下，原衍"文"字，"以"下，原衍"其"字，據盧本刪。
② "計"，原作"詐"，據盧本改。

至也。君子不恥其困而恥其所以窮，昭公雖逢此時，苟不娶同姓，詎至於是？雖娶同姓，能用孔子自輔，亦不至如是。時難而治簡，行枉而無救，是其所以窮也。

《春秋》分十二世以爲三等：有見、有聞、有傳聞。有見三世，有聞四世，有傳聞五世。故哀、定、昭，君子之所見也；襄、成、宣、文，^①君子之所聞也；僖、閔、莊、桓、隱，君子之所傳聞也。所見六十一年，所聞八十五年，所傳聞九十六年。於所見微其辭，於所聞痛其禍，於傳聞殺其恩，與情俱也。是故逐季氏而言"又雩"，微其辭也。子赤殺，弗忍言日，痛其禍也。子般殺而書"乙未"，殺其恩也。屈伸之志，詳略之文，皆應之。吾以其近近而遠遠，親親而疏疏也。亦知其貴貴而賤賤，重重而輕輕也。有知其厚厚而薄薄，善善而惡惡也。有知其陽陽而陰陰，白白而黑黑也。百物皆有合偶，偶之合之，仇之匹之，善矣！《詩》云："威儀抑抑，德音秩秩。無怨無惡，率由仇匹。"此之謂也。然則《春秋》，義之大者也。得一端而博達之，觀其是非可以得其正法，視其溫辭可以知其塞怨。是故於外道而不顯，於內諱而不隱，於尊亦然，於賢亦然。此其別內外差賢不肖而等尊卑也。義不訕上，智不危身，故遠者以義諱，近者以知畏。畏與義兼，則世逾一作愈。近而言逾謹矣。此定、哀之所以微

① "宣、文"，原誤倒，據盧本乙正。

其辭。以故用則天下平，不用則安其身，《春秋》之道也。

　　《春秋》之道，奉天而法古。是故雖有巧手，弗修規矩，不能正方圓；雖有察耳，不吹六律，不能定五音；雖有知心，不覽先王，不能平天下。然則先王之遺道，亦天下之規矩六律已。故聖者法天，賢者法聖，此其大數也。得大數而治，失大數而亂，此治亂之分也。所聞天下無二道，故聖人異治同理也，古今通達，故先賢傳其法於後世也。《春秋》之於世事也，善復古，譏易常，欲其法先王也。然而介以一言曰："王者必改制。"自僻者得此以爲辭，曰："古苟可循，先王之道何莫相因？"世迷是聞，以疑正道而信邪言，甚可患也。荅之曰：人有聞諸侯之君射《貍首》之樂者，於是自斷貍首，縣而射之，曰："安在於樂也？"此聞其名而不知其實者也。

　　今所謂新王必改制者，非改其道，非變其理，受命於天，易姓更王，非繼前王而王也。若一因前制，修故業，而無有所改，是與繼前王而王者無以別。① 受命之君，天之所大顯也。事父者承意，事君者儀志，事天亦然。今天大顯已物，襲所代而率與同，則不顯不明，非天志，故必徙居處，更稱號，改正朔，易服色者，無佗焉，不敢不順天志也，而明自顯也。若其大綱，人倫道理、政治教化、習俗文義盡如故，

---

① "繼"，原脫，據盧本補。

亦何改哉！故王者有改制之名，無易道之實。孔子曰："無爲而治者，其舜乎？"言其主堯之道而已。此非不易之效與？

問者曰：物改而天授顯矣，其必更作樂何也？曰：樂異乎是。制爲應天改之，樂爲應人作之。彼之所授命者，必民之所同樂也，是故大改制於初，所以明天命也。更作樂於終，所以見天功也。緣天下之所新樂而爲之文曲，且以和政，且以興德。天下未遍合和，王者不虛作樂。樂者，盈於内而動發於外者也。應其治時，制禮作樂以成之。成者，本末質文皆以具矣。是故作樂者，必反天下之所始樂於己以爲本。舜時，民樂其昭堯之業也，故《韶》。韶者，昭也。禹之時，民樂其三聖相繼，故《夏》。夏者，大也。湯之時，民樂其救之於患害也，故《護》。護者，救也。文王之時，民樂其興師征伐也，故《武》。武者，伐也。四者天下同樂之，一也；其所同樂之端，不可一也。作樂之法，必反本之所樂。所樂不同事，樂安得不世異？是故舜作《韶》而禹作《夏》，湯作《護》而文王作《武》。四樂殊名，則各順其民始樂於己也，吾見其效矣。《詩》云："文王受命，有此武功。既伐于崇，作邑于豐。"樂之風也。又曰："王赫斯怒，爰整其旅。"當是時，紂爲無道，諸侯大亂，民樂文王之怒而咏歌之也。周人德已洽天下，反本以爲樂，謂之大武，言民所始樂者武也云爾。故凡樂者作之於終，而名之以始，重本之義也。由此觀之，正朔服色之改，受命應天制禮作樂之異，人心之動也。二者離而復合，所爲一也。

玉杯第二

《春秋》譏文公以喪娶。難者曰：喪之法，不過三年。三年之喪，二十五月。今按經，文公乃四十一月乃一作方。娶。娶時無喪，出其法也久矣，① 何以謂之喪娶？曰：《春秋》之論事，事莫重乎志。今娶必納幣，納幣之月在喪分，故謂之喪娶也。且文公以秋祫祭，以冬納幣，皆失於大蚤。《春秋》不譏其前，而顧譏其後，必以三年之喪，肌膚之情也。雖從俗而不能終，猶宜未平於心。今全無悼遠之志，反思念娶事，是《春秋》之所甚疾也。故譏不出三年於首，而已譏以喪娶也。不別先後，賤其無人心也。緣此以論禮，禮之所重者在其志。志敬而節具，則君子予之知禮；志和而音雅，則君子予之知樂；志哀而居約，則君子予之知喪。故曰：非虛加之，重志之謂也。志爲質，物爲文。文著於質，質不居文，文安施質？質文兩備，然後其禮成。文質偏行，不得有我爾之名。俱不能備而偏行之，寧有質而無文。雖弗予能禮，尚少善之，介葛盧來是也。有文無質，非直不予，乃少惡之，謂州公寔來是也。然則《春秋》之序道也，先質而後

① “久”，原脱，據盧本補。

文，右志而左物。故曰："禮云禮云，玉帛云乎哉！"推而前之，亦宜曰：朝云朝云，辭令云乎哉！樂云樂云，鐘鼓云乎哉！引而後之，亦宜曰：喪云喪云，衣服云乎哉！是故孔子立新王之道，明其貴志以反和，見其好誠以滅僞。其有繼周之弊，故若此也。

《春秋》之法，以人隨君，以君隨天。曰：緣民臣之心，不可一日無君。一日不可無君，而猶三年稱子者，爲君心之未當立也。此非以人隨君耶？孝子之心，三年不當。三年不當而逾年即位者，與天數俱終始也。此非以君隨天耶？故屈民而申君，屈君而申天，《春秋》之大義也。

《春秋》論十二世之事，人道浹而王道備，法布二百四十二年之中，相爲左右，以成文采。其居參錯，非襲古也。是故論《春秋》者，合而通之，緣而求之，伍其比，偶其類，覽其緒，屠其贅，是以人道浹而王法立。以爲不然？今夫天子逾年即位，諸侯於封內三年稱子，皆不在經也，而操之與在經無以異。非無其辨也，有所見而經安受其贅也。故能以比貫類、以辨付贅者，大得之矣。人受命于天，有善善惡惡之性，可養而不可改，可豫而不可去，若形體之可肥臞而不可得革也。是故雖有至賢，能爲君親含容其惡，不能爲君親令無惡。《書》曰："厥辟不辟，去厥祇。"事親亦然，皆忠孝之極也。非至賢安能如是？父不父則子不子，君不君則臣不臣耳。文公不能服喪，不時奉祭，倒序以不三年，又以喪娶，取於大夫以卑宗廟，亂其群祖以逆先公。小善無一而大惡四五。故諸侯弗予命，大夫弗爲使。是惡惡之徵，不臣之效也。出侮於外，入奪於内，無位之君也。孔子曰：“政逮於大夫四世矣。”蓋自文公以來之謂也。

君子知在位者之不能以惡服人也，是故簡六藝以贍養之。《詩》《書》序其志，《禮》《樂》純其美，《易》《春秋》明其知。六學皆大而各有所長，《詩》道志，故長於質；《禮》制節，故長於文；《樂》咏德，故長於風；《書》著功，故長於事；《易》本天地，故長於數；《春秋》正是非，[①] 故長於治。人能兼得其所長，而不能遍舉其詳也。故人主大節則知闇，大博則業厭。二者異失同貶，其傷必至，不可不察也。是故善爲師者，既美其道，有慎其行，齋時蚤晚，[②] 任多少，適疾徐，造而勿趨，稽而勿苦，省其所爲，而成其所湛，音耽。故力不勞而身大成。此之謂聖化，吾取之。

《春秋》之好微與？其貴志也。《春秋》修本末之義，達變故之應，通生死之志，遂人道之極者也。是故君殺賊討，則善而書其誅。若莫之討，則君不書葬，而賊不復見矣。不書葬，以爲無臣子也。賊不復見，以其宜滅絕也。今趙盾弑君，四年之後别犢復見，[③] 非《春秋》之常辭也。古今之學

---

① “正”，原脱，據盧本補。

② “齋”，盧本、淩本、蘇本作“齊”。

③ “犢”，原作“獨”，據盧本改。

者異而問之，曰：是弒君何以復見？猶曰：賊未討，何以書葬？何以書葬者，不宜書葬也而書葬。何以復見者，亦不宜復見也而復見。二者同貫，不得不相若也。盾之復見，直以赴問而辨不親弒，非不當誅也。則亦不得不謂悼公之書葬，直以赴問而辨不成弒，① 非不當罪也。② 若是則《春秋》之説亂矣，豈可法哉！故貫比而論是非，雖難悉得，其義一也。今誅盾無傳，弗誅無傳，不交無傳，以比言之法論也。無比而處之，誣辭也。今視其比，皆不當死，何以誅之？《春秋》赴問數百，應問數千，同留經中。幡援比類，以發其端，卒無妄言而得應於傳者。今使外賊不可誅，故皆復見。而問曰：此復見何也，言莫妄於是，何以得應乎？故吾以其得應，知其問之不妄。以其問之不妄，知盾之獄不可不察也。夫名爲弒父而實免罪者，已有之矣！亦有名爲弒君，而罪不誅者。逆而距之，不若徐而味之。且吾語盾有本，《詩》云：“他人有心，予忖度之。”此言物莫無鄰，察視其外，可以見其內也。今案盾事而觀其心，愿而不刑，合而信之，非篡弒之鄰也，案盾辭號乎天，苟內不誠，安能如是？故馴其終始無弒之志。挂惡謀者，過在不遂去，罪在不討賊而已。臣之宜爲君討賊也，猶子之宜爲父嘗藥也。子不嘗藥，故加之弒父；

---

① “不成”，原作“當故”，據盧本改。
② “非”，原作“亦”，據盧本改。

10

臣不討賊，故加之弒君。其意一也。所以示天下廢臣子之節，其惡之大若此也。故盾之不討賊，爲弒君也。與止之不嘗藥爲弒父無以異，①盾不宜誅，以此參之。

問者曰：夫謂之弒而有不誅，其論難知，非衆之所能見也。故赦止之罪，②以傳明之。盾不誅，無傳，何也？曰：世亂義廢，背上不臣，篡弒覆君者多，而有明大惡之誅，誰言其誅。故晉趙盾、楚公子比皆不誅之文，而弗爲傳，弗欲明之心也。問者曰：人弒其君，重卿在而弗能討者，非一國也。靈公弒，趙盾不在。不在之與在，惡有薄厚。《春秋》責在而不討賊者，弗繫臣子爾也。責不在而不討賊者，乃加弒焉，何其責厚惡之薄、薄惡之厚也？曰：《春秋》之道，視人所惑，爲立説以大明之。今趙盾賢而不遂於理，皆見其善，莫知其罪，故因其所賢而加之大惡，繫之重責，使人湛思而自省悟以反道，曰：吁！君臣之大義，父子之道，乃至乎此，此所由惡薄而責之厚也。他國不討賊者，諸斗筲之民，何足數哉！弗繫人數而已。此所由惡厚而責薄也。傳曰：“輕爲重，重爲輕。”非是之謂乎？故公子比嫌可以立，趙盾嫌無臣責，許止嫌無子罪。《春秋》爲人不知惡而恬行不備也，是故重累責之，以矯枉世而直之。矯者不過其正，弗能直。知此而義畢矣。

---

① “止”，原作“子”，據盧本改。
② “止”，原作“子”，據盧本改。

卷　二

竹林第三

《春秋》之常辭也，不予夷狄而予中國爲禮，至邲之戰，偏然反之，何也？曰：《春秋》無通辭，從變而移。今晋變而爲夷狄，楚變而爲君子，故移其辭以從其事。夫莊王之舍鄭，有可貴之美，晋人不知其善而欲擊之，所救已解，如挑與之戰，此無善善之心，而輕救民之意也。是以賤之，而不使得予賢者爲禮。秦穆侮蹇叔而大敗，鄭文輕衆而喪師，《春秋》之敬賢重民如是。是故戰攻侵伐，雖數百起，必一二書，傷其害所重也。問者曰：其書戰伐甚謹，其惡戰伐無辭，何也？曰：會同之事，大者主小；戰伐之事，後者主先。苟不惡，何爲使起之者居下？是其惡戰伐之辭已。且《春秋》之法，凶年不修舊，意在無苦民爾。苦民尚惡之，況傷民乎？傷民尚痛之，況殺民乎？故曰：凶年修舊則譏，造邑則諱。是害民之小者，惡之小也；害民之大者，惡之大也。今戰伐之於民，其爲害幾何？① 考意而觀指，則《春秋》之所惡者，不任德而任力，驅民而殘賊之。其所好者，設而勿用，仁義以服之也。《詩》云：“矢其文德，洽此四國。”此《春秋》之所善也。夫德不足以親近而文不足以來遠，而斷斷以戰伐爲之者，此固《春秋》之所甚疾已，皆非義也。

難者曰：《春秋》之書戰伐也，有惡有善也。惡詐擊而善偏戰，恥伐喪而榮復讎。奈何以《春秋》爲無義戰而盡惡之也？曰：凡《春秋》之記災異也，雖畝有數莖，猶謂之無麥苗也。今天下之大，三百年之久，戰攻侵伐，不可勝數，而復讎者有二焉，是何以異於無麥苗之有數莖哉？不足以難之，故謂之無義戰也。以無義戰爲不可，則無麥苗亦不可矣。以無麥苗爲可，則無義戰亦可矣。若《春秋》之於偏戰也，善其偏不善其戰，有以效其然也。《春秋》愛人而戰者殺人，君子奚説善殺其所愛哉？故《春秋》之於偏戰也，猶其於諸夏也，隱之魯則謂之外，隱之夷狄則謂之內，比之詐戰則謂之義，比之不戰則謂之不義。故盟不如不盟，然而有所謂善盟；戰不如不戰，然而有所謂善戰。不義之中有義，義之中有不義。辭不能及，皆在於指。非精心達思者，其孰能知之？《詩》云：“棠棣之華，偏其反而。豈不爾思，室是遠而。”孔子曰：“未之思也，夫何遠之有？”由是觀之，見其指者不

---

① “幾”，原作“譏”，據盧本改。

任其辭，不任其辭然後可與適道矣。

司馬子反爲其君使，廢君命，與敵情，從其所請與宋平，是內專政而外擅名也。專政則輕君，擅名則不臣，而《春秋》大之，奚由哉？曰：爲其有慘怛之恩，不忍餓一國之民，使之相食。推恩者遠之而大，爲仁者自然而美。今子反出己之心，矜宋之民，無計其間，故大之也。難者曰：《春秋》之法，卿不憂諸侯，政不在大夫。子反爲楚臣而恤宋民，是憂諸侯也；不復其君而與敵平，是政在大夫也。湨古閴反。梁之盟，信在大夫，而《春秋》刺之，爲其奪君尊也。平在大夫，亦奪君尊，而《春秋》大之，此所間也。①且《春秋》之義，臣有惡，君名美，故忠臣不顯諫，欲其由君出也。《書》曰：“爾有嘉謀嘉猷，入告爾君于內，爾乃順之于外，曰：‘此謀此猷，惟我君之德。’”此爲人臣之法也。古之良大夫，其事君皆若是。今子反去君近而不復，莊王可諫而不告，皆以其解二國之難爲不得已也，奈其奪君名美何？此所惑也。曰：《春秋》之道，固有常有變，變用於變，常用於常，各止其科，非相妨也。今諸子所稱，皆天下之常，雷同之義也。子反之行，一曲之變，獨修之義也。②夫目驚而體失其容，心驚而事有所忘，人之情也。通于驚之情者，取其

---

① “間”，原作“問”，據盧本改。
② “獨”，原作“術”，據盧本改。

一美，不盡其失。《詩》云：“采葑采菲，無以下體。”此之謂也。今子反往視宋，聞人相食，大驚而哀之，不意之至於此也。是以心駭目動而違常禮。禮者，庶於仁文，質而成體者也。① 今使人相食，大失其仁，安著其禮，方救其質，奚恤其文？故曰“當仁不讓”，此之謂也。《春秋》之辭，有所謂賤者。夫有賤乎賤者，則亦有貴乎貴者矣。今讓者，《春秋》之所貴。雖然，見人相食，驚人相爨，救之忘讓。其君子之道，有貴於讓者也。故説《春秋》者，無以平定之常義，疑變故之大義，則幾可諭矣。

《春秋》記天下之得失，而見所以然之故，甚幽而明，無傳而著，不可不察也。夫泰山之爲大，弗察弗見，而況微眇者乎？故按《春秋》而適往事，窮其端而視其故，② 得志之君子、有喜之人，不可不慎也。齊頃公親齊桓公之孫，國固廣大而地勢便利矣，又得霸主之餘尊，而志加於諸侯。以此之故，難使會同而易使驕奢，即位九年，未嘗肯一與會同之事。有怒魯、衛之志，而不從諸侯于清丘、斷道，③ 春往伐魯，入其北郊，顧返伐衛，敗之新築。當是時也，方乘勝而志廣，大國往聘，慢而弗敬其使者，晉、魯俱怒，内悉其衆，外得黨與衛、曹，四國相輔，大困之辇，獲齊頃公，斫

---

① “也”，原脱，據盧本補。
② “故”，原作“殺”，據盧本改。
③ “不”，原脱，據盧本補。

逢丑父。深本頃公之所以大辱身，幾亡國，爲天下笑，其端乃從慊魯勝衛起。伐魯，魯不敢出，擊衛，大敗之，因得氣而無敵國以興患也。故曰："得志有喜，不可不戒"，此其效也。自是後，頃公恐懼，不聽聲樂，不飲酒食肉，內愛百姓，問疾弔喪，外敬諸侯，從會與盟，卒終其身，家國安寧。是福之本生於憂，而禍起於喜也。嗚呼！物之所由然，其於人切近，可不省耶？

逢丑父殺其身以生其君，何以不得爲知權？丑父欺晉，祭仲許宋，俱枉正以存其君。然而丑父之所爲，難於祭仲。祭仲見賢而丑父猶見非，何也？曰：是非難別者在此。此其嫌疑相似而不同理者，不可不察。夫去位而避兄弟者，君子之所甚貴；獲虜逃遁者，君子之所甚賤。祭仲措其君於人所甚貴以生其君，故《春秋》以爲知權而賢之。丑父措其君於人所甚賤以生其君，《春秋》以爲不知權而簡之。其俱枉正以存君相似也，其使君榮之與使君辱不同理。故凡人之有爲也，前枉而後義者謂之中權，雖不能成，《春秋》善之，魯隱公、鄭祭仲是也。前正而後有枉者謂之邪道，雖能成之，《春秋》不愛，齊頃公、逢丑父是也。夫冒大辱以生，① 其情無樂，故賢人不爲也，而衆人疑焉。《春秋》以爲人之不知義而疑也，故示之以義，曰國滅君死之正也。正也者，正於

---

① "生"，原作"往"，據盧本改。

天之爲人性命也。天之爲人性命，使行仁義而羞可恥，非若鳥獸然，苟爲生苟爲利而已。是故《春秋》推天施而順人理，以至尊爲不可以生於至辱大羞，故獲者絕之。以至辱爲亦不以加於至尊大位，故雖失位，弗君也。已反國復在位矣，而《春秋》猶有不君之辭，況其涊然方獲而虜邪？其於義也，非君定矣。若非君，則丑父何權矣！故欺三軍爲大罪於晉，其免頃公爲辱宗廟於齊，是以雖難而《春秋》不愛。丑父大義，宜言於頃公曰："君慢侮而怒諸侯，是失禮大矣。今被大辱而弗能死，是無恥也而復重罪。請俱死，無辱宗廟，無羞社稷。"如此，雖陷其身，尚有廉名。當此之時，死賢於生。故君子生以辱，不如死以榮，正是之謂也。由法論之，則丑父欺而不中權，忠而不中義，以爲不然？復察《春秋》。《春秋》之序辭也，置"王"於"春""正"之間，非曰上奉天施而下正人，然後可以爲王也云耳！今善善惡惡，好榮憎辱，非人能自生，此天施之在人者也。君子以天施之在人者聽之，則丑父弗忠也。天施之在人者，使人有廉恥。有廉恥者，不生於大辱。大辱莫甚於去南面之位而束獲爲虜矣。曾子曰："辱若可避，避之而已。及其不可避，君子視死如歸。"謂如頃公者也。

《春秋》曰："鄭伐許。"奚惡于鄭而夷狄之也？曰：衛侯速卒，鄭師侵之，是伐喪也。鄭與諸侯盟于蜀，以盟而歸，諸侯於是伐許,① 是叛盟也。伐喪無義,叛盟無信,無信無義,故大惡之。問者曰:是君死,其子未逾年,有稱伯不子,法辭其罪何?曰:先王之制,有大喪者,三年不呼其門,順其志之不在事也。《書》云:"高宗諒闇,三年不言。"居喪之義也。今縱不能如是,奈何其父卒未逾年即以喪舉師也?《春秋》以薄恩且施失其子心,故不復得稱子,謂之"鄭伯"以辱之也。且其先君襄公伐喪叛盟,得罪諸侯,諸侯怒之未解,惡之未已。繼其業者,宜務善以覆之,今又重之,以無故居喪以伐人。父伐人喪,子以喪伐人,父加不義於人,子施失恩於親,以犯中國,是父負故惡於前,己起大惡於後。諸侯果怒而憎之,率而俱至,謀共擊之。鄭乃恐懼,去楚而成蟲牢之盟是也。楚與中國俠而擊之,鄭罷弊危亡,終身愁辜。吾本其端,無義而敗,由輕心然。孔子曰:"道千乘之國,敬事而信。"知其為得失之大也,故敬而慎之。② 今鄭伯既無子恩,又不熟計,一舉兵不當,被患不窮,自取之也。是以生不得稱子,去其義也;死不得書葬,見其罪也。曰:有國者視此。行身不放義,興事不審時,其何如此爾?

---

① "許",原作"鄭",據盧本改。
② "敬",原作"禁",據盧本改。

卷　三

玉英第四

謂一元者，大始也。知元年志者，大人之所重，小人之所輕。是故治國之端在正名。名之正，興五世，五傳之外，美惡乃形，可謂得一作冒。其真矣，非子路之所能見。非其位而即之，雖受之先君，《春秋》危之，宋繆公是也。非其位，不受之先君而自即之，《春秋》禍之，吳王僚是也。雖然，苟能行善得衆，《春秋》弗危，衛侯晉以立書葬是也。[①] 俱不宜立，而宋繆受之先君而危，衛宣弗受先君而不危，以此見得衆心之爲大安也。故齊桓非直弗受之先君也，乃率弗宜爲君者而立，罪亦重矣，然而知恐懼，敬舉賢人而以自覆蓋，知不背要盟以自湔浣也，遂爲賢君而霸諸侯。使齊桓被惡而無此美，得免殺滅乃幸已，何霸之有？魯桓忘其憂而禍逮其身，齊桓憂其憂而立功名。推而散之，凡人有憂而不知憂者

---

① “立”，原作“正”，據盧本改。

凶，有憂而深憂之者吉。《易》曰：“復自道，何其咎。”此之謂也。匹夫之反道以除咎尚難，人主之反道以除咎甚易。《詩》云“德輶如毛”，言其易也。

公觀魚于棠，何惡也？凡人之性，莫不善義，然而不能義者，利敗之也。故君子終日言不及利，欲以勿言愧之而已，愧之以塞其源也。夫處位動風化者，徒言利之名爾，猶惡之，況求利乎？故天王使人求賻、求金，皆爲大惡而書，今非直使人也，親自求之，是爲甚惡。譏，何故言“觀魚”？猶言觀社也，皆諱大惡之辭也。

《春秋》有經禮，有變禮。爲如安性平心者，經禮也。至有於性雖不安，① 於心雖不平，其道無以易之，此變禮也。是故婚禮不稱主人，經禮也。辭窮無稱，稱主人，變禮也。天子三年然後稱王，經禮也。有物故則未三年而稱王，變禮也。婦人無出境之事，經禮也。母爲子娶婦，奔喪父母，變禮也。明乎經變之事，然後知輕重之分，可與適權矣。難者曰：《春秋》事同者辭同，此四者俱爲變禮，而或達於經，或不達於經，何也？曰：《春秋》理百物，辨品類，別嫌微，修本末者也。是故星墜謂之隕，蠹墜謂之雨。其所發之處不同，或降於天，或發於地，其辭不可同也。今四者俱爲變禮也同，而其所發亦不同，或發於男，或發於女，其辭不可同

---

① “至有”，原誤倒，據盧本乙正。

也。是或達於常，或達於變也。

桓之志無王，故不書王。其志欲立，故書即位。書即位者，言其弒君兄也。不書王者，以言其背天子。是故隱不言正，桓不言王者，皆從其志，以見其事也。從賢之志以達其義，從不肖之志以著其惡。由此觀之，《春秋》之所善，善也；所不善，亦不善也。不可不兩省也。

經曰："宋督弒其君與夷。"傳言莊公馮殺之，不可及於經，何也？曰：非不可及於經，其及之端眇，不足以類鈎之，故難知也。傳曰："臧孫許與晉郤克同時而聘乎齊。"案經無有，豈不微哉！不書其往而有避也。今此傳言莊公馮而於經不書，亦以有避也。是故不書聘乎齊，避所羞也；不書莊公馮殺，避所善也。讓者，《春秋》之所善。宣公不與子而與其弟，其弟亦不與子而反之兄子，雖不中法，皆有讓高，不可棄也。故君子爲之諱不居正之謂避。其後亂，移之宋督以存善志，此亦《春秋》之義，善無遺也。若直一作止。書其篡，則宣繆之高滅，而善之無所見矣。難者曰：爲賢者諱皆言之，爲宣繆諱獨弗言，何也？曰：不成於賢也。其爲善不法，不可取，亦不可棄，棄之則棄善志也，取之則害王法，故不棄亦不載，以意見之而已。"苟志於仁，無惡"，此之謂也。[①]

---

① 自"不可取"至"此之謂也"，原漫漶不清，此據盧本。

器從名，地從主人之謂制。權之端焉，不可不察也。夫權雖反經，亦必在可以然之域，不在可以然之域，故雖死亡終弗爲也。公子目夷是也。故諸侯父子兄弟不宜立而立者，《春秋》視其國與宜立之君無以異也，此皆在可以然之域也。至於鄆取乎莒以之爲同居，目曰"莒人滅鄆"，此不在可以然之域也。故諸侯在不可以然之域者，謂之大德。大德無逾閒者，謂正經。諸侯在可以然之域者，謂之小德，小德出入可也。權譎也，尚歸之以奉巨經耳。故《春秋》之道，博而要，詳而反，一也。公子目夷復其君，終不與國，祭仲已予，後改之，晉荀息死而不聽，[①]衛曼姑拒而弗內，此四臣事異而同心，其義一也。目夷之弗予，重宗廟；祭仲予之，亦重宗廟。荀息死之，貴先君之命；曼姑拒之，亦貴先君之命也。事雖相反，所爲同俱爲重宗廟貴先帝之命耳。難者曰：公子目夷、祭仲之所爲者，皆存之事君，善之可矣。荀息、曼姑非有此事也，而所欲恃者皆不宜立者，何以得載乎義？曰：《春秋》之法，君立不義立不書，大夫立則書。書之者，弗予大夫之得立不宜立者也。不書，予君之得立之也。君之不立宜立者非也，既立之大夫奉之是也，荀息、曼姑之所得爲義也。難紀季曰：《春秋》之法，大夫不得用地，又曰公子無去國之義，又曰君子不避外難。紀季犯此三者，何以爲賢？

----

① "聽"，原作"德"，據盧本改。

賢臣故盜地以下敵，棄君以避患乎？曰：賢者不爲是，是故托賢於紀季，以見季之弗爲也。紀季弗爲而紀侯使之可知矣。《春秋》之書事時，詭其實以有避也。其書人時，易其名以有諱也。故詭晋文得志之實，以代諱避致王也。詭莒子號謂之人，避隱公也。易慶父之名謂之仲孫，變盛謂之成，諱大惡也。然則説《春秋》者，入則詭辭，隨其委曲而後得之。今紀季受命乎君而經書專，無善一名而文見賢，此皆詭辭，不可不察。《春秋》之於所賢也，固順其志而一其辭，章其義而褒其美。今紀侯《春秋》之所貴也，是以聽其入齊之志，而詭其服罪之辭也，移之紀季。故告糴于齊者，實莊公爲之，而《春秋》詭其辭以予臧孫辰。以酅入于齊者，實紀侯爲之，而《春秋》詭其辭以予紀季。所以詭之不同，其實一也。難者曰：有國家者，人欲立之，固盡不聽，國滅君死之，正也，何賢乎紀侯？曰：齊將復讎，紀侯自知力不加而志距之，故謂其弟曰：“我，宗廟之主，不可以不死也。汝以酅往，服罪于齊，請以立五廟，使我先君歲時有所依歸。”率一國之衆以衛九世一作代。之主。襄公逐之不去，求之弗予，上下同心而俱死之，故謂之大去。《春秋》賢死義，且得衆心也，故爲諱滅。以爲之諱，見其賢之也。以其賢之也，見其中仁義也。

精華第五

《春秋》慎辭，謹於名倫等物者也。是故小夷言伐而不得言戰，大夷言戰而不得言獲，中國言獲而不得言執，各有辭也。有小夷避大夷而不得言戰，大夷避中國而不得言獲，中國避天子而不得言執，名倫弗予，嫌於相臣之辭也。是故小大不逾等，貴賤如其倫，義之正也。

大雩者何？旱祭也。難者曰：大旱雩祭而請雨，大水鳴鼓而攻社，天地之所為，陰陽之所起也。或請焉，或怒焉者何？曰：大旱者，陽滅陰也。陽滅陰者，尊壓卑也。固其義也。雖大甚，拜請之而已，無敢有加也。大水者，陰滅陽也。陰滅陽者，卑勝尊也。日食亦然。皆下犯上，以賤傷貴者，逆節也。故鳴鼓而攻之，朱絲而脅之，為其不義也。此亦《春秋》之不畏強禦也。① 故變天地之位，正陰陽之序，直行其道而不忘其難，義之至也。是故脅嚴社而不為不敬靈，出天王而不為不尊上，辭父之命而不為不承親，絕母之屬而不為不孝慈，義矣夫！

難者曰：《春秋》之法，大夫無遂事。又曰，出境有可以安社稷利國家者，則專之可也。又曰，大夫以君命出，進

---

① "不畏"，原作"為"，據盧本改。

退在大夫也。又曰，聞喪徐行而不反也。夫既曰無遂事矣，又曰專之可也，既曰進退在大夫矣，又曰徐行而不反也。若相悖然，是何謂也？曰：四者各有所處。得其處則皆是也，失其處則皆非也。《春秋》固有常義，又有應變。無遂事者，謂平生安寧也。專之可也者，謂救危除患也。進退在大夫者，謂將率用兵也。徐行不反者，謂不以親害尊，不以私妨公也。此之謂將得其私，知其指。故公子結受命往媵陳人之婦于鄄，道生事，從齊桓盟，《春秋》弗非，以爲救莊公之危。公子遂受命使京師，道生事之晋，《春秋》非之，以爲是時僖公安寧無危而救。故有危而不專救，謂之不忠。無危而擅生事，是卑君也。故此二臣俱生事，《春秋》有是有非，其義然也。

齊桓仗賢相之能，用大國之資，即位五年，不能致一諸侯。於柯之盟，見其大信，一年而近國之君畢至，鄄、幽之會是也。其後二十年之間亦久矣，尚未能大合諸侯也。至於救邢、衛之事，見存亡繼絕之義，而明年遠國之君畢至，貫澤、陽穀之會是也。故曰，親近者不以言，召遠者不以使，此其效也。其後矜功，振而自足，而不修德，故楚人滅弦而志弗憂，江、黃伐陳而不往救，損人之國而執其大夫，不救陳之患而責陳不納，[1] 不復安鄭而必欲迫之以兵，[2] 功未良成

---

[1]　“責”“納”，原作“貴”“離”，據盧本改。
[2]　“迫”，原作“必”，據盧本改。

而志已滿矣。故曰“管仲之器小哉”，此之謂也。自是日衰，九國叛矣。

《春秋》之聽獄也，必本其事而原其志。志邪者不待成，首惡者罪特重，本直者其論輕。是故逢丑父當斫，①而轅濤塗不宜執；魯季子追慶父，而吳季子釋闔廬。此四者罪同異論，其本殊也。俱欺三軍，或死或不死；俱弒君，或誅或不誅。聽訟折獄，可無審邪？故折獄而是也，理益明，教益行；折獄而非也，闇理迷眾，與教相妨。教，政之本也；獄，政之末也。其事異域，其用一也。不可不以相順，故君子重之也。

難晉事者曰：《春秋》之法，未逾年之君稱子，蓋人心之正也。至里克殺奚齊，避此正辭而稱君之子，何也？曰：所聞《詩》無達詁，《易》無達吉，《春秋》無達辭，從變從義，而一以奉人。仁人錄其同姓之禍，固宜異操。晉，《春秋》之同姓也，驪姬一謀而三君死之，天下所共痛也。本其所爲爲之者，蔽於所欲得位而不見其難也。《春秋》疾其所蔽，故去其正辭，②徒言君之子而已。若謂奚齊曰：“嘻嘻！爲大國君之子，富貴足矣，③何以兄之位爲欲居之，以至此乎云爾？”錄所痛之辭也。故痛之中有痛，無罪而受其死者，

---

① “故”，原脱，據盧本改。
② “正”，原作“位”，據盧本改。
③ “富”，原作“當”，據盧本改。

申生、奚齊、卓子是也。惡之中有惡者，己立之，己殺之，不得如他臣之弑君者，齊公子商人是也。故晋禍痛而齊禍重，《春秋》傷痛而敦重，是以奪晋子繼位之辭與齊子成君之號，詳見之也。古之人有言曰："不知來，視諸往。"今《春秋》之爲學也，道往而明來者也。然而其辭體天之微，故難知也。弗能察，寂一作蒙。若無；能察之，無物不在。是故爲《春秋》者，得一端而多連之，見一空而博貫之，則天下盡矣。魯僖公以亂即位，而知親任季子。季子無恙之時，内無臣下之亂，外無諸侯之患，行之二十年，國家安寧。季子卒之後，魯不支鄰國之患，直乞師楚耳。僖公之情非輒不肖，而國衰益危者，何也？以無季子也。以魯人之若是也，亦知他國之皆若是也。以他國之皆若是，亦知天下之皆若是也。此之謂連而貫之。故天下雖大，古今雖久，以是定矣。以所任賢，謂之主尊國安；所任非其人，謂之主卑國危。萬全必然，無所疑矣。其在《易》曰："鼎折足，覆公餗。"夫鼎折足者，任非其人也；覆公餗者，國家傾也。是故任非其人而國家不傾者，自古至今未嘗聞也。故吾案《春秋》而觀成敗，乃切悁悁於前世之興亡也。任賢臣者，國家之興也。夫知不足以知賢，無可奈何矣。知之不能任，大者以死亡，小者以亂危，其若是何邪？以莊公不知季子賢邪，安知病將死，召而授以國政？以殤公爲不知孔父賢邪，安知孔父死己必死，趨而救之？二主知皆足以知賢，而不決，不能任，故魯莊以危，宋殤以弑。使莊公蚤用季子，而宋殤素任孔父，尚將興鄰國，豈直免弑哉？① 此吾所悁悁而悲者也。

---

① "直免"，原作"值"，據盧本改。

卷 四

王道第六

《春秋》何貴乎元而言之？元者，始也，言本正也。道，王道也。王者，人之始也。王正則元氣和順，風雨時，景星見，黃龍下。王不正則上變天，賊氣並見。五帝三王之治天下，不敢有君民之心，什一而稅，教以愛，使以忠，敬長老，親親而尊尊，不奪民時，使民不過歲三日。民家給人足，無怨望忿怒之患，強弱之難，無讒賊妒嫉之人。民修德而美好，被髮銜哺而游，不慕富貴，恥惡不犯，父不哭子，兄不哭弟，毒虫不螫，猛獸不搏，抵虫不觸。故天爲之下甘露，朱草生，醴泉出，風雨時，嘉禾興，鳳凰麒麟游于郊。囹圄空虛，畫衣裳而民不犯，四夷傳譯而朝，民情至朴而不文。郊天祀地，秩山川以時至，封于泰山，禪于梁父，立明堂，宗祀先帝，以祖配天。天下諸侯各以其職來祭，貢土地所有，先以入宗廟，端冕盛服，而後見先德，恩之報，奉元之應也。

桀紂皆聖王之後，驕溢妄行，侈宮室，廣苑囿，窮五采之變，極飾材之工，困野獸之足，竭山澤之利，食類惡之獸，奪民財食，高雕文刻鏤之觀，盡金玉骨象之工，盛羽族之飾，窮一作殷。白黑之變，深刑妄殺以凌下，聽鄭衛之音，充傾宮一作害。之志，靈虎兕文采之獸，以希見之意，賞佞賜讒，以糟爲工，以酒爲池，孤貧不養，殺聖賢而剖其心，生燔人聞其臭，剔孕婦見其化，斫朝涉之足察其拇，一作腑，一作脛。殺梅伯以爲醢，刑鬼侯之女取其環，誅求無已，天下空虛。群臣畏恐，莫敢盡忠，紂愈自賢。周發兵，不期會于孟津之上者八百諸侯，共誅紂，大亡天下。《春秋》以爲戒，曰“亳社災”。周衰，天子微弱，諸侯力政，大夫專國，士專邑，不能行度制法文之禮。諸侯背叛，莫修貢聘奉獻天子。臣弑其君，子弑其父，孽殺其宗，不能統理。更相伐銼以廣地，以強相脅，不能制屬。強奄弱，衆暴寡，富使貧，并兼無已。臣下上僭，不能禁止。日爲之食，星霣如雨，雨螽，沙鹿崩，夏大雨水，冬大雨雪，霣石于宋五，六鶂退飛，霣霜不殺草，李梅實，正月不雨至於秋七月，地震，梁山崩，壅河，三日不流，晝晦，彗星見于東方，孛于一作升。大辰，鸜鵒來巢。《春秋》異之，以此見悖亂之徵。孔子明得失，[①] 差貴賤，反王道之本，譏天王以至太平，刺惡譏微，不遺小大，善無細而不舉，惡無細而不去，進善誅惡，絕諸本而已矣。

---

① “失”，原作“夫”，據盧本改。

天王使宰咺來歸惠公仲子之賵，刺不及事也。天王伐鄭，
譏親也。會王世子，譏微也。祭公來逆王后，譏失禮也。刺
家父求車，武氏、毛伯求賵金，王人救衛，王師敗於貿戎，
天王不養出居于鄭，殺母弟，王室亂，不能及外，分爲東西
周，無以先天下。召衛侯不能致，遣子突征衛不能絕，伐鄭
不能從，無駭滅極不能誅。諸侯得以大亂，篡弒無已，臣下
上逼，借擬天子。諸侯強者行威，小國破滅。晉至三侵周，
與天王戰于貿戎而大敗之。戎執凡伯于楚丘以歸。諸侯本怨
隨惡，發兵相破，夷人宗廟社稷，不能統理。臣子強，至弒
其君父。① 法度廢而不復用，威武絕而不復行，故鄭魯易地，
晉文再致天子，齊桓會王世子，擅封邢、衛、杞，橫行中國，
意欲王天下。魯舞八佾，北祭泰山，郊天祀地，如天子之爲。
以此之故，弒君三十二，亡國五十二，② 細惡不絕之所致也。

《春秋》立義：天子祭天地，諸侯祭社稷，諸山川不在
封內不祭。有天子在，諸侯不得專地，不得專封，不得專執。
天子之大夫不得舞天子之樂，不得致天子之賦，不得適天子
之貴。君親無將，將而誅。大夫不得世，大夫不得廢置君命。
立適以長不以賢，立子以貴不以長，立夫人以適不以妾，天
子不臣母后之黨。親近以來遠，③ 故未有不先近而致遠者也。

---

① “父”，原脱，據盧本補。
② “二”，原作“一”，據盧本改。
③ “近”，原作“迎”，據盧本改。

故內其國而外諸夏，內諸夏而外夷狄，言自近者始也。

諸侯來朝者得褒：邾婁儀父稱字，滕、薛稱侯，荊得人，介葛盧得名。內出言如，諸侯來曰朝，大夫來曰聘，王道之意也。誅惡而不得遺細大，諸侯不得爲匹夫興師，不得執天子之大夫，執天子之大夫與伐國同罪。執凡伯言“伐”，獻八佾諱“八”言“六”，鄭魯易地諱“易”言“假”，晉文再致天子諱“致”言“狩”。桓公存邢、衞、杞，不見《春秋》，內心予之，行法絕而不予，止亂之道也，非諸侯所當爲也。《春秋》之義，臣不討賊，非臣也。子不復讎，非子也。故誅趙盾賊不討者，不書葬，臣子之誅也。許世子止不嘗藥，而誅爲弒父。楚公子比脅而立，而不免於死。齊桓、晉文擅封，致天子，誅亂繼絶存亡，① 侵伐會同，常爲本主。曰：桓公救中國，攘夷狄，卒服楚，至爲王者事。晉文再致天子，皆止不誅。善其牧諸侯，奉獻天子而復周室，《春秋》予之爲伯，誅意不誅辭之謂也。

魯隱之代桓立，祭仲之出忽立突，仇牧、孔父、荀息之死節，公子目夷不與楚國，此皆執權存國，行正世之義，守惓惓之心，《春秋》嘉氣義焉。故皆見之，復正之謂也。夷狄邾婁人、牟人、葛人爲其天王崩而相朝聘也，此其誅也。殺世子母弟直稱君，明失親親也。魯季子之免罪，吳季子之

---

① “亂”，原作“絕”，據盧本改。

讓國，明親親之恩也。閤殺吳子餘祭，見刑人之不可近。鄭伯髡原卒于會，諱弒，①痛強臣專君，君不得爲善也。衛人殺州吁，齊人殺無知，明君臣之義，守國之正也。衛人立晉，美得衆也。君將不言率師，重君之義也。正月公在楚，臣子思君，無一日無君之意也。誅受令，恩衛葆，以正囹圄之平也。言圍成，甲午祠兵，以別迫脅之罪，誅意之法也。作南門，刻桷丹楹，作雉門及兩觀，築三臺，新延厩，譏驕溢不恤下也。故臧孫辰請糴于齊，孔子曰："君子爲國，必有三年之積。"一年不熟乃請糴，失君之職也。誅犯始者，省刑，絕惡疾始也。大夫盟于澶淵，刺大夫之專政也。諸侯會同，賢爲主，賢賢也。

《春秋》記纖芥之失，反之王道。追古貴信，結言而已，不至用牲盟而後成約。故曰："齊侯、衛侯胥命于蒲。"《傳》曰："古者不盟，結言而退。"宋伯姬曰："婦人夜出，傅母不在不下堂。"曰："古者周公東征則西國怨。"桓公曰："無貯粟，無鄣谷，無易樹子，無以妾爲妻。"宋襄公曰："不鼓不成列，不厄人。"莊王曰："古者杅不穿，皮不蠹，則不出。"君子篤於禮，薄於利，要其人不要其土，告從不赦不祥，強不淩弱。齊頃公弔死視疾，孔父正色而立於朝，人莫過而致難乎其君，齊國佐不辱君命而尊齊侯。此《春秋》之

---

① "弒"，原作"殺"，據盧本改。

救文以質也。救文以質，見天下諸侯所以失其國者亦有焉。潞子欲合中國之禮義，離乎夷狄，未合乎中國，所以亡也。吳王夫差行強於越，臣人之主，① 妾人之妻，卒以自亡，宗廟夷，社稷滅，其可痛也。長王投死，於戲，豈不哀哉！晉靈行無禮，處臺上彈群臣，枝解宰人而棄之，② 漏陽處父之諫，使陽處父死，及患趙盾之諫，③ 欲殺之，卒爲趙盾所弒。④ 晉獻公行逆理，殺世子申生，以驪姬立奚齊、卓子，皆殺死，國大亂，四世乃定，幾爲秦所此下疑少一字。滅，⑤ 從一作徙，非。驪姬起也。楚平王行無度，⑥ 殺伍子胥父兄。蔡昭公朝之，因請其裘，昭公不與，吳王非之，舉兵加楚，大敗之。君舍乎君室，大夫舍乎大夫室，妻楚王之母，貪暴之所致也。晉厲公行暴道，殺無罪人，一朝而殺大臣三人。明年，臣下畏恐，晉國殺之。陳侯佗淫乎蔡，蔡人殺之。古者諸侯出疆，必具左右，備一師，⑦ 以備不虞，今蔡侯恣以身出入民間，至死閭里之庸，甚非人君之行也。

宋閔公矜婦人而心妒，與大夫萬博，萬譽魯莊公曰：“天

① “主”，原作“王’，據盧本改。
② “之”，原脫，據盧本補。
③ “患”，原作“討”，據盧本改。
④ “盾”，原作“穿”，“弒”，原作“殺”，據盧本改。
⑤ “滅”，原脫，據盧本補。
⑥ “平”，原作“昭”，據盧本改。
⑦ “一”，原作“二”，據盧本改。

下諸侯宜爲君，唯魯侯爾。”閔公妒其言，曰：“此虜也。爾
虜焉知魯侯之美惡乎。”至萬怒，搏閔公絕脰。此以與臣博之
過也。古者人君立於陰，大夫立于陽，所以別位，明貴賤。
今與臣相對而博，置婦人在側，此君臣無別也。故使萬稱他
國卑閔公之意，閔公籍萬而身與之博，下君自置，有辱之婦
人之房，俱而矜婦人，獨得殺死之道也。《春秋傳》曰：“大
夫不適君。”① 遠此逼也。② 梁內役一作取。民無已，其民不能
堪，使民比地爲伍，一家亡，五家殺刑。其民曰：“先亡者
封，後亡者刑。”君者將使民以孝於父母，順於長老，守丘
墓，承宗廟，世世祀其先。③ 今求財不足，④ 行罰如將不勝，
殺戮如屠，一作從。仇讎其民，魚爛而止，國中盡空。《春秋》
曰：“梁亡。”亡者，自亡也，非人亡之也。虞公貪財，不顧
其難，快耳說目，受晉之璧、屈産之乘，假晉師道，還以自
滅。宗廟破毀，社稷不祀，身死不葬，貪財之所致也。故
《春秋》以此見物不空來，實不虛出。自內出者，無匹不行；
自外至者，無主不止。此其應也。楚靈王行強乎陳、蔡，意
廣以武，不顧其行，慮所美，內罷其衆。乾溪有物女，水盡

---

① “傳”，原脱，據盧本補。
② “逼”，原作“過”，據盧本改。
③ “後亡者刑。君者將使民以孝于父母，順于長老，守丘墓，承宗廟”，原漫
漶不清，此據盧本。
④ “足”下，原衍“足”字，據盧本删。

則女見，水滿則不見。靈王舉發其國而役，三年不罷，楚國大怨。有行暴意，殺無罪臣成然，楚國大憝，公子棄疾卒令靈王父子自殺而取其國。虞不離津澤，農不去疇土，而民相愛也。此非盈意之過耶？魯莊公好宮室，一年三起臺。夫人內淫兩弟，弟兄子父相殺。國絕莫繼，爲齊所存，夫人淫之過也。妃匹貴妾，可不慎邪？

此皆內自強從心之敗己，見自強之敗，尚有正諫而不用，卒皆取亡。曹羈諫其君曰：“戎眾以無義，君無自適。一作敵。”君不聽，果死戎寇。伍子胥諫吳王，以爲越不可不取，吳王不聽，至死伍子胥。還九年，越果大滅吳國。秦穆公將襲鄭，百里、蹇叔諫曰：“千里而襲人者，未有不亡者也。”穆公不聽，師果大敗殽中，匹馬隻輪無反者。晉假道虞，虞公許之。宮之奇諫曰：“脣亡齒寒，虞虢之相救，非相賜也，君請勿許。”虞公不聽，後虞果亡於晉。①

《春秋》明此，存亡道可觀也。觀乎薄社，知驕溢之罰。觀乎許田，知諸侯不得專封。觀乎齊桓、晉文、宋襄、楚莊，知任賢奉上之功。觀乎魯隱、祭仲、叔武、孔父、荀息、仇牧、吳季子、公子目夷，知忠臣之效。觀乎楚公子比，知臣子之道，效死之義。觀乎潞子，知無輔自詛之敗。觀乎公在楚，知臣子之恩。觀乎漏言，知忠道之絕。觀乎獻六羽，知

---

① “晉”，原脱，據淩本補。

上下之差。觀乎宋伯姬，知貞婦之信。觀乎吳王夫差，知強凌弱。觀乎晉獻公，知逆理近色之過。觀乎楚昭王之伐蔡，知無義之反。觀乎晉厲之妄殺無罪，知行暴之報。觀乎陳佗、宋閔，知妒淫之禍。觀乎虞公、梁亡，知貪財枉法之窮。觀乎楚靈，知苦民之壞。觀乎魯莊之起臺，知驕奢淫泆之失。觀乎衛侯朔，知不即召之罪。觀乎執凡伯，知犯上之法。觀乎晉郤缺之伐邾婁，知臣下作福之誅。觀乎公子翬，知臣窺　一作規君之意。觀乎世卿，知移權之敗。故明王視於冥冥，聽於無聲，天覆地載，天下萬國莫敢不悉靖共職受命者，① 不示臣下以知之至也。故道同則不能相先，情同則不能相使，此其教也。由此觀之，未有去人君之權，能制其勢者也。未有貴賤無差，能全其位者也。故君子慎之。

---

①　“靖”，原作“精”，據盧本改。

卷 五

滅國上第七①

王者，民之所往；君者，不失其群者也。故能使萬民往之，而得天下之群者，無敵於天下。弒君三十六，亡國五十二。② 小國德薄，不朝聘大國，不與諸侯會聚，孤特不相守，獨居不同群，遭難莫之救，所以亡也。非獨公侯大人如此，生天地之間，根本微者，不可遭大風疾雨，立鑠消耗。衛侯朔固事齊襄，而天下患之。虞、虢并力，晉獻難之。晉趙盾，一夫之士也，無尺寸之土，無一介之眾也，而靈公據霸王之餘尊，而欲誅之，窮變極詐，詐盡力竭，禍大及身。推盾之心，載小國之位，孰能亡之哉？故伍子胥，一夫之士也，去楚干闔廬，遂得意於楚。所托者誠是，何可禦邪？楚王髡托其國於子玉得臣，而天下畏之。虞公托其國於宮之奇，晉獻

---

① “七”，原作“五”，據盧本改。
② “弒君三十六，亡國五十二”，原作“失國之君三十一，亡國之君五十二”，據盧本改。

38

患之。及髭殺得臣，天下輕之。虞公不用宮之奇，晋獻亡之。存亡之端，不可不知也。諸侯見加以兵，逃遁奔走，至於滅亡而莫之救，平生之素行可見也。隱代桓立，所謂僅存耳。使無駭帥師滅極，內無諫臣，外無諸侯之救，載亦由是也。宋、蔡、衛國伐之，鄭因其力而取之，此無以異於遺重寶於道而莫之守，見者掇之也。鄧、穀失地而朝魯桓，鄧、穀失地，不亦宜乎？

滅國下第八

紀侯之所以滅者，乃九世之讎也。一旦之言，危百世之嗣，故曰“大去”。衛人侵盛，鄭入盛，及齊師圍盛，三被大兵，終滅，莫之救，所恃者安在？齊桓公欲行霸道，譚遂違命，故滅而奔莒。不事大而事小，曹伯之所以戰死於位，諸侯莫助憂者。幽之會，齊桓數合諸侯，曹小，未嘗來也。魯，大國，幽之會，莊公不往，戎人乃窺兵於濟西，由見魯孤獨而莫之救也。此時大夫廢君命，專救危者。魯莊公二十七年，齊桓爲幽之會，衛人不來。其明年，桓公怒而大敗之。及伐山戎，張旗陳獲以驕諸侯。於是魯一年三築臺，亂臣比三起於內，夷狄之兵仍滅於外，衛滅之端，以失幽之會。亂之本，存親內蔽。邢未嘗會齊桓也，附晋又微，晋侯獲於韓而背之，淮之會是也。齊桓卒，豎刁、易牙之亂作。邢與狄伐其同姓，取之。其行如此，雖爾親，庸能親爾乎？是君也，其滅於同姓，衛侯毀滅邢是也。齊桓爲幽之會，衛不至，桓怒而伐之，狄滅之，桓憂而立之。魯莊爲柯之盟，劫汶陽，魯絶，桓立之。[①] 邢杞未嘗朝聘，齊桓見其滅，率諸侯而立之，用心如此，豈不霸哉！故以憂天下與之。

隨本消息第九

顏淵死，子曰："天喪予。"子路死，子曰"天祝予。"西狩獲麟，曰："吾道窮，吾道窮。"三年，身隨而卒。階此而觀，天命成敗，聖人知之，有所不能救，命矣夫。

先晉獻之卒，齊桓爲葵丘之會，再致其集。先齊孝未卒一年，魯僖乞師取穀。晉文之威，天子再至。先卒一年，魯僖公之心分而事齊，文公不事晉。先齊侯潘卒一年，文公如晉，衛侯、鄭伯皆不期來。齊侯已卒，諸侯果會晉大夫于新城。魯昭公以事楚之故，晉人不入。楚國强而得意，一年再會諸侯，伐强吳，爲齊誅亂臣，遂滅厲。魯得其威以滅鄑。其明年如晉，無河上之難。先晉昭之卒一年，無難。楚國內亂，臣弒君，諸侯會于平丘，謀誅楚亂臣，昭公不得與盟，大夫見執。吳大敗楚之黨六國于雞父。公如晉而大辱，《春

---

① "桓"，原作"威"，據盧本改。

秋》爲之諱而言有疾。由此觀之，所行從不足恃，所事者不可不慎，此亦存亡榮辱之要也。

先楚莊卒之三年，① 晋滅赤狄潞氏及甲氏、留吁。先楚子審卒之三年，鄭服蕭魚。晋侯周卒一年。先楚子昭卒之二年，② 與陳、蔡伐鄭而大克。其明年，楚屈建會諸侯而張中國。卒之三年，諸夏之君朝于楚。楚子卷繼之，四年而卒，其國不爲侵奪，而顧隆盛強大，中國不出年餘，何也？楚子昭蓋諸侯可者也。天下之疾其君者，皆起訴而乘之，兵四五出，常以衆擊少，以專擊散，義之盡也。先卒四五年，中國內乖，齊、晋、魯、衛之兵分守，大國襲小。諸夏再會陳儀，齊不肯往。吳在其南而二君殺，中國在其北而齊、衛殺其君，慶封劫君亂國，石惡之徒聚而成群，衛衎據陳儀而爲諼，林父據戚而以畔，宋公殺其世子，魯大飢。中國之行，亡國之迹也，譬如於文、宣之際，中國之君，五年之中五君殺。以晋靈之行，使一大夫立於蜇林，拱揖指撝，諸侯莫敢不出，此猶隰之有泮也。③

---

① "卒之"，原顛倒，據盧本乙正。

② "昭卒之二年"，原作"昭之卒年"，據盧本改。

③ "隰之有泮"，原作"濕之有拔"，據宋嘉定本原校"一作隰之有泮"及盧本改。

盟會要第十

至意雖難喻，蓋聖人者貴除天下之患。貴除天下之患，故《春秋》重而書天下之患偏矣。以爲本於見天下之所以致患，其意欲以除天下之患，何謂哉？天下者無患，然後性可善。性可善，然後清廉之化流。清廉之化流，然後王道舉，禮樂興。其心在此矣。《傳》曰："諸侯相聚而盟。"君子修國，曰："此將率爲也哉！"是以君子以天下爲憂也，患乃至於弑君三十六，[①] 亡國五十二，細惡不絕之所致也。辭已喻矣，故曰：立義以明尊卑之分，強幹弱枝以明大小之職，別嫌疑之行以明正世之義，采擿托意以矯失禮。善無小而不舉，惡無小而不去，以純其美。別賢不肖以明其尊，親近以來遠，因一作自。其國而容天下，名倫等物不失其理。公心以是非，賞善誅惡而王澤洽，始於除患，正一而萬物備。故曰：大矣哉其號。兩言而管天下，此之謂也。

正貫第十一

《春秋》，大義之所本邪。六者之科，六者之指之謂也。

---

① "六"，原作"一"，據盧本改。

然後援天端，布流物，而貫通其理，則事變散其辭矣。故志得失之所從生，而後差貴賤之所始矣。論罪源深淺定法誅，然後絶屬之分別矣。立義定尊卑之序，而後君臣之職明矣。載天下之賢方，① 表謙義之所在，則見復正焉耳。幽隱不相逾，而近之則密矣。而後萬變之應無窮者，故可施其用於人，而不悖其倫矣。是以必明其統於施之宜，故知其氣矣，然後能食其志也。知其聲矣，而後能扶其精也。知其行矣，而後能遂其形也。知其物矣，然後能別其情也。故唱而民和之，動而民隨之，是知引其天性所好而壓其情之所憎者也。如是則言雖約，説一作德。必布矣。事雖小，功必大矣。聲響盛化運于物，散入于理，德在天地，神明休集，並行而不竭，盈于四海而頌聲咏。《書》曰："八音克諧，無相奪倫，神人以和。"乃是謂耶。故明於情性，乃可與論爲政。不然，雖勞無功。夙夜是悟，思慮惓心，猶不能睹。故天下有非者。三示當中孔子之所謂非，尚安知通哉。

十指第十二

《春秋》二百四十二年之文，天下之大，事變之博，無不有也。雖然，大略之要有十指。十指者，事之所繫也，王

---

① "天"，原作"定"，據盧本改。

化之由得流也。舉事變見有重焉，一指也。見事變之所至者，一指也。因其所以至者而治之，一指也。強幹弱枝，大本小末，一指也。別嫌疑，異同類，一指也。論賢才之義，別所長之能，一指也。親近來遠，同民所欲，一指也。承周文而反之質，一指也。木生火，火爲夏，天之端，一指也。切刺譏之所罰，考變異之所加，天之端，一指也。舉事變見有重焉，則百姓安矣。見事變之所至者，則得失審矣。因其所以至而治之，則事之本正矣。強幹弱枝，大本小末，則君臣之分明矣。別嫌疑，異同類，則是非著矣。論賢才之義，別所長之能，則百官序矣。承周文而反之質，則化所務立矣。親近來遠，同民所欲，則仁恩達矣。木生火，火爲夏，則陰陽四時之理相受而次矣。切刺譏之所罰，考變異之所加，則天所欲爲行矣。統此而舉之，仁往而義來，德澤廣大，衍溢於四海，陰陽和調，萬物靡不得其理矣。説《春秋》者凡用是矣，此其法也。

重政第十三

唯聖人能屬萬物於一而繫之元也。終一作故。不及本所從來而承之，不能遂其功。是以《春秋》變一謂之元。元猶原也，其義以隨天地終始也。故人唯有終始也而生，不必應四

44

時之變，故元者爲萬物之本，而人之元在焉。安在乎？① 乃存乎天地之前。故人雖生天氣及奉天氣者，不得與天元本、天元命而共違其所爲也。故春正月者承天地之所爲也，繼天之所爲而終之也。其道相與共功持業，安容言乃天地之元？天地之元奚爲於此，惡施於人，大其貫承意之理矣。能説鳥獸之類者，非聖人所欲説也。聖人所欲説，在於説仁義而理之，知其分科條別，貫所附，明其義之所審，勿使嫌疑，是乃聖人之所貴而已矣。不然，傳於衆辭，觀於衆物，説不急之言而以惑後進者，君子之所甚惡也。奚以爲哉？聖人思慮不厭，晝日繼之以夜，然後萬物察者，② 仁義矣。由此言之，尚自爲得之哉？故曰：於乎！爲人師者，可無慎邪！夫義出於經，經傳，大本也。棄營勞心也，苦志盡情，頭白齒落，尚不合自録也哉？人始生有大命，是其體也。有變命存其間者，其政也。政不齊則人有忿怒之志，若將施危難之中，而時有隨、遭者，神明之所接，絶屬之符也。亦有變其閒，使之不齊如此，不可不省之，省之則重政之本矣。撮以爲一，進義誅惡絶之本，而以其施，此與湯武同而有異。湯武用之治往故，《春秋》明得失，差貴賤，本之天。王之所失天下者，使諸侯得以大亂之，説而後引而反之。故曰，博而明，切而深矣。

---

① “乎”，原作“之”，據盧本改。
② “然”，原作“所”，據盧本改。

卷　六

服制像第十四

　　天地之生萬物也以養人，故其可食者以養身體，其可威者以爲容服，禮之所爲興也。劍之在左，青龍之象也；刀之在右，白虎之象也；韍之在前，① 赤鳥之象也；冠之在首，玄武之象也。四者，人之盛飾也。夫能通古今，別然不然，乃能服此也。一作通古別今，然後能服此也。蓋玄武者，貌之最嚴有威者也。其像在後，② 其服反居首，武之至而不用矣。聖人之所以超然，雖欲從之，末由也已。夫執介冑而後能拒敵者，故非聖人之所貴也。君子顯之於服，而勇武者消其志於貌也矣。故文德爲貴，而威武爲下，此天下之所以永全也。於《春秋》何以言之？孔父義形於色，而奸臣不敢容邪。虞有宮之奇，而獻公爲之不寐。晉厲之強，中國以寢尸流血不

---

① "韍"，原作"鈎"，據盧本改。
② "後"，原作"右"，據宋嘉定本原校"一作後"及盧本改。

已。故武王克殷，裨冕而揖笏，虎賁之士説劍，安在勇猛必任武殺然後威？是以君子所服爲上矣。故望之儼然者，亦已至哉，豈可不察乎？

二端第十五

《春秋》至意有二端，不本二端之所從起，亦未可與論災異也，小大微著之分也。夫覽求微細於無端之處，誠知小之爲大也，微之將爲著也。吉凶未形，聖人所獨立也。雖欲從之，末由也已，此之謂也。故王者受命改正朔，不順數而往，必迎來而受之者，授受之義也。故聖人能繫心於微而致之著也。是故《春秋》之道，以元之深正天之端，以天之端正王之政，以王之政正諸侯之位，五者俱正而化大行。故書日蝕、星隕、有蜮、山崩、地震、夏大雨水、冬大雨雪、隕霜不殺草、自正月不雨至于秋七月、有鸜鵒來巢，《春秋》異之，以此見悖亂之徵。是小者不得大，微者不得著，雖甚末一作其本末。亦一端，孔子以此效之，吾所以貴微重始是也。因惡夫推災異之象於前，然後圖安危禍亂於後者，非《春秋》之所甚貴也。然而《春秋》舉之以爲一端者，亦欲其省天譴而畏天威，內動於心志，外限於事情，修身審己，明善心以反道者也。豈非貴微重始，慎終推效者哉！

符瑞第十六

有非力之所能致而自致者，西狩獲麟，受命之符是也。然後托乎《春秋》正不正之間，而明改制之義，一統乎天子，而加憂於天下之憂也。務除天下所患，而欲以上通五帝，下極三王，以通百王之道，而隨天之終始，博得失之效，而考命象之爲，極理以盡情性之宜，則天容遂矣。百官同望異路，壹之上在主，率之者在相。

俞序第十七

仲尼之作《春秋》也，上探—作深。正天端王公之位，萬民之所欲，一作始。下明得失，起賢才以待後聖，故引史記，理往事，正是非，見王公。史記十二公之間，皆衰世之事，故門人惑。孔子曰："吾—無曰吾字。因其行事而加乎王心焉。"以爲見之空言，不如行事博深切明，故子貢、閔子、公肩子言其切而爲國家賢也。其爲切而至於殺君亡國，奔走不得保社稷，其所以然，是皆不明於道，不覽於《春秋》也。故衛子夏言"有國家者，不可不學《春秋》"。不學《春秋》則無以見前後旁側之危，則不知國之大柄，君之重任也。故或脅窮失國，揜殺於位，一朝至爾。苟能述《春秋》之法，致行其道，豈徒除禍哉？乃堯舜之德也。故世子曰：“功及子孫，光輝百世。聖王之德，莫美於恕。”故予先言《春秋》詳己而略人，因其國而容天下。

　　《春秋》之道，大得之則以王，小得之則以霸。故曾子、子石盛美齊侯，安諸侯，尊天子。霸王之道，皆本於仁。仁，天心，故次以天心。愛人之大者莫大於思患而豫防之，故蔡得意於吳，魯得意於齊，而《春秋》皆不告，故次以言怨人不可邇，敵國不可狎，攘竊之國不可使久親，皆防患爲民除患之意也。不愛民之漸乃至於死亡，故言楚靈王、晉厲公生弑於位，不仁之所致也。故善宋襄公不厄人，不由其道而勝，不如由其道而敗，《春秋》貴之，將以變習俗而成王化也。故子夏言《春秋》重人，諸譏皆本此。或奢侈使人憤怨，或暴虐賊害人，終皆禍及身。故子池言魯莊築臺，丹楹刻桷，晉厲之刑刻意者，皆不得以壽終。上奢侈，刑又急，皆不内恕，求備於人，故次以《春秋》緣人情，赦小過，而《傳》明之曰“君子辭也”。孔子明得失，見成敗，疾時一無時字。世之不仁，失王道之體，故緣人情，赦小過，《傳》又明之曰“君子辭也”。孔子曰：“吾因行事，加吾王心焉。”假其位號以正人倫，因其成敗以明順逆，故其所善則桓、文行之而遂，其所惡則亂國行之終以敗。故始言大惡殺君亡國，終言赦小過，是亦始於麤粗，終於精微，教化流行，德澤大洽，天下之人人有士君子之行而少過矣。亦譏二名之意也。

離合根第十八

天高其位而下其施，藏其形而見其光。高其位，所以爲尊也。下其施，所以爲仁也。藏其形，所以爲神。見其光，所以爲明。故位尊而施仁，藏神而見光者，天之行也。故爲人主者，法天之行。是故内深藏，所以爲神。外博觀，所以爲明也。任群賢，所以爲受成。乃不自勞於事，所以爲尊也。泛愛群生，不以喜怒賞罰，所以爲仁也。故爲人主者，以無爲爲道，① 以不私爲寶，立無爲之位而乘備具之官，足不自動而相者導進，口不自言而擯者贊辭，心不自慮而群臣效當，故莫見其爲之而功成矣，此人主所以法天之行也。爲人臣者法地之道，暴其形，出其情以示人，高下、險易、堅哭、剛柔、肥臞、美惡，累—無累字。可就財也，故其形宜不宜，可得而財也。爲人臣者比地貴信而悉見其情於主，主亦得而財之，故王道威而不失。爲人臣常竭情悉力而見其短—作所。長，使主上得而器使之，而猶地之竭竟其情也。故其形—無形字。宜可得而財也。

---

① “無爲”，原作“奈何”，據盧本改。

立元神第十九

　　君人者，國之元。發言動作，萬物之樞機。樞機之發，榮辱之端也。失之毫釐，駟不及追。故爲人君者，謹本詳始，敬小慎微，志如死灰，形如委衣，安精養神，寂寞無爲，休形無見影，揜聲無出響，虛心下士，觀來察往。謀於衆賢，考求衆人，得其心，遍見其情，察其好惡以參忠佞，考其往行驗之於今，計其畜積受於先賢。釋其仇怨，視其所爭。差其族黨，所依爲臬。一作宗。據位治人，用何一作奇、爲名。一作明。累日積久，何功不成。可以内參外，可以小占大，必知其實，是謂開闔。君人者，國之本也。夫爲國，其化莫大於崇本。崇本則君化若神，不崇本則君無以兼人。無以兼人，雖峻刑重誅而民不從。是所謂驅國而棄之者也，患孰甚焉。何謂本？曰：天地人，萬物之本也。天生之，地養之，人成之。天生之以孝悌，地養之以衣食，人成之以禮樂。三者相爲手足，合以成體，不可一無也。無孝悌則亡其所以生，無衣食則亡其所以養，無禮樂則亡其所以成也。三者皆亡，則民如麋鹿，各從其欲，家自爲俗，父不能使子，君不能使臣，雖有城郭，名曰虛邑。如此者，其君枕塊而僵，莫之危而自危，莫之喪而自亡，是謂自然之罰。自然之罰至，裹襲石室，分障險阻，猶不能逃之也。明主賢君必於其信，是故肅慎三本,郊祀致敬,共事祖禰,舉顯孝悌,表異孝行,所以奉天本也。秉耒躬耕,采桑親蠶,墾草殖穀,開闢以足衣食,所以奉地本也。立辟廱庠序,修孝悌敬讓,明以教化,感以禮樂,所以奉人本也。① 三者皆奉,則民如子弟,不敢自專。邦如父母,不待恩而愛,不須嚴而使,雖野居露宿,厚於宮室。如是者,其君安枕而臥,莫之助而自強,莫之綏而自安,是謂自然之賞。自然之賞至,雖退讓委國而去,百姓襁負其子,隨而君之,君亦不得離也。故以德為國者,甘於飴蜜,固於膠漆,是以聖賢勉而崇本而不敢失也。君人者,國之證也,不可先倡,感而後應。故居倡之位而不行倡勢,不居和之職而以和為德,常盡其下,故能為之上也。

體國之道在於尊、神。尊者,所以奉其政也。神者,所以就其化也。故不尊不畏,不神不化。夫欲為尊者,在於任賢。欲為神者,在於同心。賢者備股肱,則君尊嚴而國安。同心相承,則變化若神。莫見其所為而功德成,是謂尊、神也。

天積眾精以自剛,聖人積眾賢以自強。天序日月星辰以自光,聖人序爵祿以自明。天所以剛者,非一精之力。聖人所以強者,非一賢之德也。故天道務盛其精,聖人務眾其賢。盛其精而壹其陽,眾其賢而壹其心。壹其陽,然後可以致其

---

① “奉”,原作“表”,據蘇本改。

神。同其心，然後可以致其功。是以建治之術，貴得賢而同心。爲人君者，其要貴神。神者，不可得而視也，不可得而聽也。是故視而不見其形，聽而不聞其聲。聲之不聞，故莫得其響。不見其形，故莫得其影。莫得其影，則無以曲直也。莫得其響，則無以清濁也。無以曲直，則其功不可得而敗。無以清濁，則其名不可得而度也。所謂不見其形者，非不見其進止之形也，言其所以進止不可得而見也。所謂不聞其聲者，非不聞其號令之聲也，言其所以號令不可得而聞也。不見不聞，是謂冥昏。能冥則明，能昏則彰。能冥能昏，是謂神人。君貴居冥而明其位，處陰而向陽，惡人見其情而欲知人之心。是故爲人君者，執無源之慮，行無端之事，以不求奪，以不問問。吾以不求奪則我利矣，彼以不出出則彼費矣。吾以不問問則我神矣，彼以不對對則彼情矣。故終日問之，彼不知其所對。終日奪之，彼不知其所出。吾則以明，而彼不知其所亡。故人臣居陽而爲陰，人君居陰而爲陽。陰道尚形而露情，陽道無端而貴神。

保位權第二十

民無所好，君無以權也。民無所惡，君無以畏也。無以權，無以畏，則君無以禁制也。無以禁制，則比肩齊勢而無以爲貴矣。故聖人之治國也，因天地之性情、孔竅之所利，以立尊卑之制，以等—作異。貴賤之差。設官府爵禄，利五味、盛五色、調五聲以誘其耳目，自令清濁昭然殊體，榮辱踔然相駭，以感動其心。務致民令有所好，有所好然後可得而勸也，①故設賞以勸之。有所好必有所惡，有所惡然後可得而畏也，故設罰以畏之。既有所勸，又有所畏，然後可得而制。制之者，制其所好，是以勸賞而不得多也。制其所惡，是以畏罰而不可過也。所好多則作福，所惡過則作威。作威則君亡權，天下相怨。作福則君亡德，天下相賊。故聖人之制民，使之有欲不得過節，使之敦樸不得無欲。無欲有欲各得以足，而君道得矣。國之所以爲國者，德也。君之所以爲君者，威也。故德不可共，威不可分。德共則失恩，威分則失權。失權則君賤，失恩則民散。民散則國亂，君賤則臣叛。是故爲人君者，固守其德以附其民，固執其權以正其臣。

聲有順逆，必有清濁。形有善惡，必有曲直。故聖人聞其聲則別其清濁，見其形則異其曲直。於濁之中必知其清，於清之中必知其濁，於曲之中必見其直，於直之中必見其曲。於聲無細而不取，於行無小而不舉。不以著蔽微，不以衆掩寡。各應其事，以致其報。黑白分明，然後民知所去就。民知所去就，然後可以致治，是謂象則。—作幅。爲人君者，居無爲之位，行不言之教，寂而無聲，靜而無形，執一無端，

---

① "勸"，原作"動"，據盧本改。

爲國源泉。因國以爲身，因臣以爲心。以臣言爲聲，以臣事
爲形。有聲必有響，有形必有影。聲出於内，響報於外。形
立於上，影報於下。響有清濁，影有曲直，響所報非一聲也，
影所應非一形也。故爲君虚心靜處，聰聽其響，明視其影，
以行賞罰之象。其行賞罰也，響清則生清者榮，響濁則生濁
者辱。影正則生正者進，影枉則生枉者絀。鞏名考質，以參
其實。賞不空施，罰不虚出。是以群臣分職而治，各敬而事。
爭進其功，顯廣其名，而人君得載其中，此自然致力之術也。
聖人由之，故功出於臣，名歸於君也。

卷　七

考功名第二十一

考績之法，考其所積也。天道積聚衆精以爲光，聖人積聚衆善以爲功。故日月之明，非一精之光也。聖人致太平，非一善之功也。明所從生，不可爲源。善所從出，不可爲端。量勢立權，因事制義。故聖人之爲天下興利也，其猶春氣之生草也，各因其生小大而量其多少。其爲天下除害也，若川瀆之寫於海也，各順其執傾側而制於南北。① 故異孔而同歸，殊施而鈞德，其趣於興利除害一也。是以興利之要，在於致之，不在於多少。除害之要，在於去之，不在於南北。考績絀陟，計事除廢，一作費。有益者謂之公，無益者謂之煩。摯名責實，不得虛言。有功者賞，有罪者罰。功盛者賞顯，罪多者罰重。不能致功，雖有賢名，不予之賞。官職不廢，雖有愚名，不加之罰。賞罰用於實，不用於名。賢愚在於質，

---

① "順"，原作"阻"，據盧本改。

不在於文。故是非不能混，一作詐奇不能枉。喜怒不能傾，奸軌不能弄，一作筭。萬物各得其真，一作貴，非。則百官勸職，爭進其功。

考試之法，大者緩，小者急，貴者舒而賤者促。諸侯月試其國，州伯時試其部，四試而一考。天子歲試天下，三試而一考。前後三考而絀陟，命之曰計。考試之法，合其爵禄，并其秩，積其日，陳其實，計功量罪，以多除少，以名定實，① 先内弟之，其先比二三分以爲上中下，以考進退，然後外集，通名曰進退。增減多少，有率爲第。九分三三列之，亦有上中下，以爲一最，五爲中，九爲殿。有餘歸之於中，中而上者有得，中而下者有負。② 得少者以一益之，至於四，負多者以四減之，③ 至於一，皆逆行。三四十二而成於計，得滿計者絀陟之。次次每計，各逐其弟，以通來數。初次再計，次次四計，各不失故弟，而亦滿計絀陟之。

初次再計，謂上弟二也。次次四計，謂上弟三也。九年爲一弟，二得九，并去其六，爲置三弟，六六得等，爲置二，并中者得三盡去之，并三三計得六，并得一計得六，此爲四計也。絀者亦然。

---

① "以"下，原衍"爲"字，據盧本刪。
② "負"，原作"負"，據盧本改。
③ "負"，原作"負"，據盧本改。

通國身第二十二

氣之清者爲精，人之清者爲賢。治身者以積精爲寶，治國者以積賢爲道。身以心爲本，國以君爲主。精積於其本則血氣相承受，賢積於其主則上下相制使。血氣相承受則形體無所苦，上下相制使則百官各得其所。形體無所苦，然後身可得而安也。百官各得其所，然後國可得而守也。夫欲致精者必虛靜其形，欲致賢者必卑謙其身。形靜志虛者，精氣之所趣也。謙尊自卑者，仁賢之所事也。故治身者務執虛靜以致精，治國者務盡卑謙以致賢。能致精則合明而壽仁，能致賢則德澤洽而國太平。

三代改制第二十三

《春秋》曰"王正月"，《傳》曰："王者孰謂？謂文王也。曷爲先言王而後言正月？王正月也。"何以謂之王正月？曰：王者必受命而後王。王者必改正朔，易服色，制禮樂，一統於天下，所以明易姓非繼仁，通以己受之於天也。王者受命而王，制此月以應變，故作科以奉天地，故謂之王正月也。

王者改制作科奈何？曰：當十二色，歷各法而正色，逆

數三而復。紬三之前曰五帝，帝迭首一色。順數五而相復，①
禮樂各以其法象其宜。順數四而相復，咸作國號，遷宮邑，
易官名，制禮作樂。

　　故湯受命而王，② 應天變夏作殷號，時正曰統。親夏故
虞，③ 紬唐謂之帝堯，以神農爲赤帝。作宮邑于下洛之陽，
名相官曰尹，一作名相曰宮尹。爵謂之帝舜。軒轅曰黃帝，推神
農以爲九皇，④ 作宮邑於豐，名相官曰宰，⑤ 作《武樂》，制
文禮以奉天。武王受命，作宮邑于鄗，制爵五等，作《象
樂》，繼文以奉天。周公輔成王受命，作宮邑于洛陽，⑥ 成
文、武之制，作《汋樂》以奉天。殷湯之後稱邑，示天之變
反命。故天子命無常，唯命是德慶。故《春秋》應天作新王
之事，時正黑統，⑦ 王魯，⑧ 尚黑，紬夏，新周，故宋，樂宜
親《招武》。故以虞錄親，樂制宜商，合伯子男爲一等。

　　然則其略說奈何？曰：三正以黑統初，正日月朔于營室，
斗建寅，天統氣始通化物，物見萌達，其色黑。故朝正服黑，

---

① “順”，原作“湏”，“而”，原作“帝”，據盧本改。
② “王”，原作“正”，據盧本改。
③ “親夏故虞”，原作“故親夏虞”，據盧本改。
④ “皇”，原作“星”，據盧本改。
⑤ “相官曰”，原作“曰相宮”，據盧本改。
⑥ “邑”，原脫，據盧本補。
⑦ “正”，原作“王”，據盧本改。
⑧ “王”原作“正”，據盧本改。

首服藻黑，正路輿質黑，馬黑，大節綏幘尚黑，^① 旗黑，大寶玉黑，郊牲黑，犧牲角卵，冠于阼，^② 昏禮逆于庭，喪禮殯于東階之上，祭牲黑牡，^③ 薦尚肝，樂器黑質，法不刑有懷任新產，是月不殺，聽朔廢刑發德，具存二王之後也。親赤統，故日分平明，平明朝正。正白統奈何？曰：正白統者，歷正日月朔于虛，斗建丑，天統氣始蛻化物，物始芽，其色白，故朝正服白，首服藻白，正路輿質白，馬白，大節綏幘尚白，^④ 旗白，大寶玉白，郊牲白，犧牷角繭，冠于堂，昏禮逆于堂，喪事殯于楹柱之間，祭牲白牡，^⑤ 薦尚肺，樂器白質，法不刑有身懷任，是月不殺，聽朔廢刑發德，具存二王之後也。親黑統，故日分鳴晨，鳴晨朝正。^⑥ 正赤統奈何？曰：正赤統者，大節綏幘尚赤，^⑦ 旗赤，大寶玉赤，郊牲騂，犧牷角栗，冠于房，昏禮逆于戶，喪禮殯于西階之上，祭牲騂牡，薦尚心，樂器赤質，法不刑有身，重懷藏以養微。是月不殺，聽朔廢刑發德，具存二王之後也。親白統，故日分夜半，夜半朝正。改正之義，奉元而起。

---

① "綏"，原作"緌"，據盧本改。
② "阼"，原作"祚"，據盧本改。
③ "牲黑牡"，原作"黑牲"，據盧本改。
④ "綏"，原作"緌"，據盧本改。
⑤ "牡"，原作"牲"，據盧本改。
⑥ "鳴晨"，原誤倒，據盧本乙正。
⑦ "綏"，原作"緌"，據盧本改。

古之王者受命而王，改制稱號正月，服色定，然後郊告天地及群神，①遠追祖禰。然後布天下，諸侯廟受，以告社稷宗廟山川，然後感應一其司。三統之變，近夷微方無有，生煞者獨中國。然而三代改正，必以三統天下。曰：三統五端，化四方之本也。天始廢始施，地必待中，是故三代必居中國，法天奉本，執端要以統天下朝諸侯也。是以朝正之義，天子純統色衣，諸侯統衣纏緣紐，大夫士以冠。參近夷以綏，②遐方各衣其服而朝，所以明乎天統之義也。其謂統三正者，曰：正者，正也。統致其氣，萬物皆應而正統正，其餘皆正。凡歲之要，在正月也。法正之道，正本而末應，正內而外應。動作舉錯，靡不變化隨從，可謂法正也。故君子曰：武王其似正月矣。③《春秋》曰"杞伯來朝"，王者之後稱公，杞何以稱伯？《春秋》上黜夏，下存周，以《春秋》當新王。④

《春秋》當新王者奈何？曰：王者之法，必正號。絀王謂之帝，封其後以小國，使奉祀之，下存二王之後以大國，使服其服，行其禮樂，稱客而朝。⑤故同時稱帝者五，稱王

---

① "神"，原作"臣"，據盧本改。
② "綏"，原作"緩"，據盧本改。
③ "似"，原作"以"，據盧本改。
④ "當"下衍"行"，據盧本刪。
⑤ "而"，原作"其"，據盧本改。

者三，所以昭五瑞，通三統也。是故周人之王，^①尚推神農爲九皇，而改號軒轅謂之黃帝，因存帝顓頊、帝嚳、帝堯之帝號，紬虞而號舜曰帝舜，録五帝以小國。下存禹之後於杞，存湯之後於宋，以方百里，爵號公，皆使服其服，行其禮樂，稱先王客而朝。

《春秋》作新王之事，變周之制，當正黑統，而殷周爲王者之後。紬夏改號禹謂之帝，録其後以小國，故曰紬夏存周，以《春秋》當新王。不以杞侯，^②弗同王者之後也。稱子又稱伯何？見殊之小國也。

黃帝之先謚，四帝之後謚，何也？曰：帝號必存五。帝代首天之色，號至五而反。周人之王，軒轅直首天黃號，故曰黃帝云。帝號尊而謚卑，故四帝後謚也。帝，尊號也，録以小何？曰：遠者號尊而地小，近者號卑而地大，親疏之義也。故王者有不易者，有再而復者，有三而復者，有四而復者，有五而復者，有九而復者。明此通天地陰陽四時日月星辰山川人倫。德侔天地者稱皇帝。天祐而子之，號稱天子。故聖王生則稱天子，崩遷則存爲三王，紬滅則爲五帝，下至附庸，紬爲九皇，下極其爲民，有一謂之三代。故雖絶地廟位，祝牲猶列于郊號，宗于代宗，故曰聲名魂魄施于虛。極

---

① "周"，原脱，據盧本補。
② "不以杞侯"，原作"不以侯恐是侯"，據盧本改。

壽無疆，何謂再而復，四而復？《春秋》鄭忽何以名？《春秋》曰"伯子男一也，辭無所貶"。何以爲一？曰：周爵五等，《春秋》三等。《春秋》何三等？曰：王者以制，壹商壹夏，壹質壹文。商質者主天，夏文者主地，《春秋》者主人，故三等也。主天法商而王，其道佚陽，親親而多仁樸，故立嗣予子，篤母弟，妾以子貴。昏冠之禮，字子以父。別眇夫婦，對坐而食，喪禮別葬，祭禮先臊，夫妻昭穆別位。制爵三等，禄士二品。制郊宫明堂負，其屋高嚴侈負，惟祭器負。玉厚九分，白藻五絲，衣制大上，首服嚴負。鸞輿尊蓋，法天列象，垂四鸞。樂載鼓，用錫儛，儛溢負。先血毛而後用聲，正刑多隱，親倂多諱。封禪于尚位。主地法夏而王，其道進陰，尊尊而多義節。故立嗣與孫，篤世子，妾不以子稱貴號。昏冠之禮，字子以母。別眇夫婦，同坐而食，喪禮合葬，祭禮先亨，婦從夫爲昭穆。制爵五等，禄士三品，制郊宫明堂方，其屋卑污方，祭器方。玉厚八分，白藻四絲，衣制大下，首服卑退。鸞輿卑，法地周象載，垂二鸞。樂設鼓，用纖施儛，儛溢方。先烹而後用聲。正刑天法，封壇于下位。

　　主天法質而王，其道佚陽，親親而多質愛，故立嗣予子，篤母弟，妾以子貴。昏冠之禮，字子以父。別眇夫妻，對坐而食，喪禮別葬，祭禮先嘉疏，夫婦昭穆別位。制爵三等，禄士二品。制郊宫明堂内負外橢，<small>音妥，圓長爲橢，一作隨。</small>其屋如倚靡負橢，祭器橢。<small>玉一無此字。</small>厚七分，白藻三絲，衣長前衽，首服負轉，鸞輿尊蓋，備天列象，垂四鸞。樂程鼓，用羽籥舞，舞溢橢。先用玉聲而後烹，一作亨。正刑多隱，親戚多赦。封壇于左位。

主地法文而王，其道進陰，尊尊而多禮文，故立嗣予孫，篤世子，妾不以子稱貴號。昏冠之禮，字子以母。别眇夫妻，同坐而食，喪禮合葬。祭禮先秬鬯，婦從夫爲昭穆。制爵五等，禄士三品。制郊宫明堂内方外衡，其屋習而衡，祭器衡同，作秩机。玉厚六分，白藻三絲，衣長後衽，服首一無首字。習而垂流。鸞輿卑，備地周象載，垂二鸞。樂縣鼓，用萬儛，儛溢衡。先烹而後用樂，正刑天法，[1] 封壇于左位。

四法修于所故，祖于先帝，故四法如四時然，終而復始，窮則反本。四法之天施符授聖人，王法則性命形乎先祖，大昭乎王君。故天將授舜，主天法商而王，祖錫姓爲姚氏。至舜形體大上而員首，而明有二童子。性長於天文，純於孝慈。天將授禹，主地法夏而王，祖錫姓爲姒氏。至禹生發於背，[2] 形體長，長足肵。疾行先左，隨以右，勞左佚右也。性長於行，習地明水。天將授湯，主天法質而王，祖錫姓爲子氏。[3] 謂契母吞玄鳥卵生契。契先發於胸，性長於人倫。至湯，體長專小，足左扁而右便，勞右佚左也。性長於天光，質易純

---

① “天法”，原作“文公未詳”，據盧本改。

② “禹”，原作“於”，據盧本改。

③ “氏”，原作“民”，據盧本改。

仁。天將授文王，主地法文而王，祖錫姓姬氏，謂后稷母姜原履天之迹而生后稷。后稷長於邰土，播田五穀。至文王，形體博長，有四乳而大足，性長於地文勢，故帝使禹、皋論姓，知殷之得陽德也，故以子爲姓。知周之得陰德也，故以姬爲姓。故殷王改文，以男書子，① 周王以女書姬，故天道各以其類動。非聖人，孰能明之？

官制象天第二十四

王者制官，三公、九卿、二十七大夫、八十一元士，凡百二十人，而列臣備矣。吾聞聖王所取儀，金天之大經，三起而成，四轉而終。官制亦然者，此其儀與？三人而爲一選，儀於三月而爲一時也。四選而止，儀於四時而終也。三公者，王之所以自持也。天以三成之，王以三自持，立成數以爲植而四重之，其可以無失矣。備天數以參事，治謹於道之意也。此百二十臣者，皆先王之所與直道而行也。是故天子自參以三公，三公自參以九卿，九卿自參以三大夫，三大夫自參以三士。三人爲選者四重，自三之道以治天下，若天之四重，自三之時以終始歲也。一陽而三春，非自三之時與？而天四重之，其數同矣。天有四時，時三月；王有四選，選三臣。

① “以男書子”，原作“書始以男一作以男書子”，據蘇本改。

是故有孟、有仲、有季，一時之情也。有上、有下、有中，一選之情也。三臣而爲一選，四選而止，人情盡矣。人之材固有四選，如天之時固有四變也。聖人爲一選，君子爲一選，善人爲一選，正人爲一選，由此而下者，不足選也。四選之中，各有節也。是故天選四堤，一作堪。十二而人變盡矣。盡人之變合之天，唯聖人者能之，所以立王事也。

何謂天之大經？三起而成日，三日而成規，三旬而成月，三月而成時，三時而成功。寒暑與和，三而成物；日月與星，三而成光；天地與人，三而成德。由此觀之，三而一成，天之大經也，以此爲天制。是故禮三讓而成一節，官三人而成一選。三公爲一選，三卿爲一選，三大夫爲一選，三士爲一選，凡四選。三臣應天之制，凡四時之三月也。是故其以三爲選，取諸天之經；其以四時爲制，取諸天之時；其以十二臣爲一條，取諸歲之度；其至十條而止，取之天端。

何謂天之端？曰：天有十端，十端而止矣。天爲一端，地爲一端，陰爲一端，陽爲一端，火爲一端，金爲一端，木爲一端，水爲一端，土爲一端，人爲一端，凡十端而畢，天之數也。天數畢於十，王者受十端於天，而一條之率。每條一端以十二時，如天之每終一歲以十二月也。十者天之數也，十二者歲之度也。用歲之度，條天之數，十二而天數畢。是故終十歲而用百二十月，條十端亦用百二十臣，以率被之，皆合於天。其率三臣而成一慎，故八十一元士爲二十七慎，以持二十七大夫；二十七大夫爲九慎，以持九卿；九卿爲三慎，以持三公；三公爲一慎，以持天子。天子積四十慎以爲四選，選一慎三臣，① 皆天數也。是故以四選率之，則選三十人，三四十二，百二十人，亦天數也。以十端四選，十端積四十慎，慎三臣，三四十二，百二十人，亦天數也。以三公之勞率之，則公四十人，三四十二，百二十人，亦天數也。故散而名之爲百二十臣，選而寡之爲十二長，所以名之雖多，② 莫若謂之四選十二長，然而分別率之，皆有所合，無不中天數者也。

求天數之微，莫若於人。人之身有四肢，每肢有三節，三四十二，十二節相持而形體立矣。天有四時，每一時有三月，三四十二，十二月相受而歲數終矣。官有四選，每一選有三人，三四十二，十二臣相參而事治行矣。以此見天之數，人之形，官之制，參相得也。人之與天，多此類者，而皆微忽，不可不察也。天地之理，分一歲之變以爲四時，四時亦天之四選已。是故春者少陽之選也，夏者太陽之選也，秋者少陰之選也，冬者太陰之選也。四選之中各有孟、仲、季，是選之中有選，故一歲之中有四時，一時之中有三長，天之節也。人生於天而體天之節，故亦有大小厚薄之變，人之氣

① "一"，原作"十"，據盧本改。
② "雖"，原作"難"，據盧本改。

也。先王因人之氣，而分其變以爲四選，是故三公之位，聖人之選也。三卿之位，君子之選也。三大夫之位，善人之選也。三士之位，正直之選也。分人之變以爲四選，選立三臣，如天之分歲之變以爲四時，時有三節也。天以四時之選與十二節相和而成歲，①王以四位之選與十二臣相砥礪而致極，②道必極於其所至，然後能得天地之美也。

堯舜湯武第二十五

堯舜何緣而得擅移天下哉？《孝經》之語曰："事父孝，故事天明。"事天與父，同禮也。今父有以重予子，子不敢擅予他人，人心皆然。則王者亦天之子也。天以天下予堯舜，堯舜受命於天而王天下，猶子安敢擅以所重受於天者予他人也。③天有不以予堯舜漸奪之，故明爲子道，則堯舜之不私傳天下而擅移位也，無所疑也。儒者以湯武爲至賢大聖也，以爲全道究義盡美者，故列之堯舜，謂之聖王，④如法則之。今足下以湯武爲不義，然則足下之所謂義者，何世之王也？曰：弗知。弗知者，以天下王爲無義者耶？其有義者而足下

---

① "成"下，原衍"就"字，據盧本刪。
② "臣"，原脫，據盧本補。
③ "猶子"，原誤倒，"於"，原脫，據盧本乙正、補。
④ "謂之"，原誤倒，據盧本乙正。

不知耶？則苔之以神農。應之曰：神農氏之爲天子，與天地俱起乎？將有所伐乎？神農氏有所伐可，湯武有所伐獨不可，何也？且天之生民，非爲王也，而天立王以爲民也。故其德足以安樂民者，天予之；其惡足以賊害民者，天奪之。《詩》云：“殷士膚敏，裸將于京。侯服于周，天命靡常。”言天之無常予無常奪也。故封太山之上，禪梁父之下，易姓而王，德如堯舜者七十二人。王者，天之所予也，其所伐皆天之所奪也。今唯以湯武之伐桀紂爲不義，則七十二王亦有伐也。推足下之説，將以七十二王爲皆不義也。故夏無道而殷伐之，殷無道而周伐之，周無道而秦伐之，秦無道而漢伐之。有道伐無道，此天理也。所從來久矣，寧能至湯武而然耶？夫非湯武之伐桀紂者，亦將非秦之伐周，非徒不知天理，又不明人禮。禮，子爲父隱惡。今使伐人者而信不義，當爲國諱之，豈宜如誹謗者，此所謂一言而再過者也。君也者，掌令者也，① 令行而禁止也。今桀紂令天下而不行，禁天下而不止，安在其能臣天下也！果不能臣天下，何謂湯武弑？

---

① “令”，原作“之”，據盧本改。

服制第二十六

率得十六萬國三分之，則各度爵而制服，量祿而用財。飲食有量，衣服有制，宮室有度，畜産人徒有數，舟車甲器有禁。生則有軒冕之服位，貴祿田宅之分，死則有棺椁絞衾壙襲之度。雖有賢才美體，無其爵不敢服其服；雖有富家多貲，無其祿不敢用其財。天子服有文章，不得以燕公以朝，^①將軍大夫不得以燕，^②將軍大夫以朝官吏，命士止於帶緣，^③散民不敢服雜采，百工商賈不敢服狐狢，刑餘戮民不敢服絲玄纁乘馬，謂之服制。

---

① "不得"上，原衍"夫人"二字，"燕"下，原衍"饗"字，據盧本删。"朝"，原作"廟"，據盧本改。
② "燕"下，原衍"卿以廟"三字，據盧本删。
③ "命"上，原衍"以"字，據盧本删。

卷　八

度制第二十七

孔子曰："不患貧而患不均。"故有所積重，則有所空虛矣。大富則驕，大貧則憂。憂則爲盜，驕則爲暴，此衆人之情也。聖者則於衆人之情，見亂之所從生。故其制人道而差上下也，使富者足以示貴而不至於驕，貧者足以養生而不至於憂。以此爲度而調均之，是以財不匱而上下相安，① 故易治也。今世棄其度制而各從其欲，欲無所窮而俗得自恣，其埶無極。大人病不足於上而小民羸瘠於下，則富者愈貪利而不肯爲義，貧者日犯禁而不可得止，是世之所以難治也。

孔子曰："君子不盡利以遺民。"《詩》云："彼有遺秉，此有不斂穧，伊寡婦之利。"故君子仕則不稼，田則不漁，食時不力珍，大夫不坐羊，士不坐犬。《詩》曰："采葑采菲，無以下體。德音莫違，及爾同死。"以此防民，民猶忘義而爭

---

① "匱"，原作"遺"，據盧本改。

利，以亡其身。天不重與，有角不得有上齒，故已有大者，不得有小者，天數也。夫已有大者又兼小者，天不能足之，況人乎？故明聖者象天所爲爲制度，使諸有大奉禄亦皆不得兼小利，與民爭利業，乃天理也。凡百亂之原，皆出嫌疑纖微，以漸寖稍長至於大。聖人章其疑者，別其微者，絕其纖者，不得嫌以蚤防之。聖人之道，衆堤防之類也，謂之度制，謂之禮節。故貴賤有等，衣服有別，朝廷有位，鄉黨有序，則民有所讓而不敢爭，所以一之也。《書》曰："輿服有庸，誰敢弗讓，敢不敬應。"此之謂也。

凡衣裳之生也，爲蓋形暖身也。然而染五采飾文章者，非以爲益肌膚血氣之情也，將以貴貴尊賢，而明別上下之倫，使教亟行，使化易成，爲治爲之也。若去其度制，使人人從其欲，快其意，以逐無窮，是大亂人倫而靡斯財用也，失文采所遂生之意矣。上下之倫不別，其埶不能相治，故苦亂也。嗜欲之物無限，其數不能相足，故苦貧也。① 今欲以亂爲治，以貧爲冨，非反之制度不可。古者天子衣文，諸侯不以燕，大夫衣祿，② 士不以燕，③ 庶人衣縵，此其大略也。

---

① "貧"，原作"貪"，據盧本改。
② "衣祿"，原作"以禄"，據盧本改。
③ "士"，原作"亦"，據盧本改。

爵國第二十八

《春秋》曰“會宰周公”，又曰“公會齊侯、宋公、鄭伯、許男、滕子”，又曰“初獻六羽”。傳曰“天子三公稱公，王者之後稱公，其餘大國稱侯，小國稱伯子男”，凡五等。故周爵五等，士三品，① 文多而實少。《春秋》三等，合伯、子、男爲一爵。士二品，② 文少而實多。《春秋》曰“荆”，《傳》曰“氏不若人，人不若名，名不若字”，凡四等。命曰附庸，三代共之。

然則其地列奈何？曰：天子邦坼千里，公侯百里，伯七十里，子、男五十里，附庸字者方三十里，名者方二十里，人氏者方十五里。《春秋》曰“宰周公”，《傳》曰“天子三公”。“祭伯來”，《傳》曰“天子大夫”。“宰渠伯糾”，《傳》曰“下大夫”。“石尚”，《傳》曰“天子之士也”。“王人”，《傳》曰“微者，謂下士也”，凡五等。《春秋》曰“作三軍”，《傳》曰“何以書？譏。何譏爾？古者上卿、下卿，上士、下士”，凡四等。小國之大夫與次國下卿同，次國大夫與大國下卿同，大國下大夫與天子下士同。二十四等，禄八差。

---

① “士”，原作“土”，據蘇本改。
② “士”，原作“土”，據蘇本改。

有大功德者受大爵土，功德小者受小爵土，大材者執大官位，小材者受小官位，如其能，宣治之至也。故萬人者曰英，千人者曰俊，百人者曰傑，十人者曰豪。豪傑俊英不相陵，故治天下如視諸掌上。

其數何法以然？曰：天子分左右五等，三百六十三人，法天一歲之數，五時色之象也。通佐十上卿與下卿而二百二十人，天庭之象也，倍諸侯之數也。諸侯之外佐四等，百二十人，法四時六甲之數也。通佐五，與下而六十人，法日辰之數也。佐之必三三而相復何？曰：時三月而成大，辰三而成象。諸侯之爵或五何？法天地之數也。五官亦然。

然則立置有司，分指數奈何？曰：諸侯大國四軍，古之制也，其一軍以奉公家也。凡口軍三者何？[1] 曰：大國十六萬口而立口軍三。何以言之？曰：以井田準數之。方里而一井，一井而九百畝而立口。方里八家，一家百畝，以食五口。上農夫耕百畝，食九口，次八人，次七人，次六人，次五人。多寡相補，率百畝而三口，方里而二十四口。方里者十，得二百四十口。方十里爲方里者百，得二千四百口。方百里爲方里者千，得二萬四千口。方千里爲方里者萬，得二十四萬口。法三分而除其一，城池、郭邑、屋室、閭巷、街路市、

---

① "者"上，原衍"口"字，據盧本刪。

官府、園囿、萎圈、臺沼、橡采，① 得良田方十里者六十六，② 與方里六十六，定率得十六萬口。三分之，則各五萬三千三百三十口，爲大口軍三，此公侯也。

天子地方千里，爲方百里者百，亦三分除其一，定得田方百里者六十六，與方十里者六十六，定率得千六百萬口。九分之，各得百七十七萬七千七百七十七口，爲京口軍九。三京口軍以奉王家。故天子立一后，一世夫人，中左右夫人，四姬，三良人。立一世子，三公，九卿，二十七大夫，八十一元士，二百四十三下士。有七上卿，二十一下卿，六十三元士，百二十九下士。王后置一太傅、大母，三伯，三丞。世夫人，③ 四姬，三良人，各有師傅。世子一人，太傅，三傅，三率，三少。士入仕宿衛天子者比下士，下士者如上士之下數。王后御衛者，上下御各五人。世夫人、中左右夫人、四姬，④ 上下御各五人。三良人，各五人。世子妃姬及士衛者，如公侯之制。王后傅，上下史五人；⑤ 三伯，上下史各五人；少伯，史各五人。世子太傅，上下史各五人；少傅，亦各五人；三率、三下率，亦各五人。三公，上下史各五人；

---

① "沼"，原作"治"，據盧本改。
② "六十六"下，原衍"十"字，據盧本删。
③ "世"，原作"二十"，據凌本改。
④ "世"，原作"二十"，據凌本改。
⑤ "史"，原作"吏"，據盧本改。

卿，上下史各五人；大夫，上下史各五人；① 元士，上下史
各五人；上下卿、上下士之史，上下亦各五人。卿大夫、元
士，臣各三人。

故公侯方百里三分除其一，定得田方十里者六十六，②
與方里六十六，定率得十六萬口。三分之，爲大國口軍三，
而立大國。一夫人，一世婦，左右婦，三姬，二良人。立一
世子，三卿，九大夫，二十七上士，八十一下士，亦有五通
大夫，立上下士。上卿位比天子之元士，今八百石。下卿六
百石，上士四百石，下士三百石。夫人一傅母，三伯，三丞。
世婦，左右婦，三姬，二良人，各有師保。世子一上傅、丞。
士宿衛公者，比公者，比上卿者有三人，下卿六人。比上下
士者，如上下之數。夫人御衛者，上下御各五人；世婦、左
右婦，上下御各五人；二卿，御各五人；世子上傅，上下史
各五人；丞史各五人；三卿、九大夫，上士史各五人，下士
史各五人；通大夫、士，上下史各五人；卿，臣二人，此公
侯之制也。公侯賢者爲州方伯，錫斧鉞，置虎賁百人。

故伯七十里，七七四十九，三分除其一，定得田方十里
者二十八，與方十里者六十六，定率得十萬九千二百一十二
口，爲次國口軍三，而立次國。一夫人，世婦，左右婦，三

---

① "各"，原脱，據盧本補。
② "定得田"，原作"得定田"，據盧本改。

良人，二孺子。立一世子，三卿，九大夫，二十七上士，八十一下士，與五通大夫，五上士，十五下士。其上卿，位比大國之下卿，今六百石；下卿四百石，上士三百石，下士二百石。夫人一傅母，三伯，三丞。世婦，左右婦，三良人，二御人，各有師保。世子一下士一作上下。傅。士宿衛公者，比上卿者三人，下卿六人，比上下士如上下士之數。夫人御衛者，上下士御各五人。世婦、左右婦，上下御各五人；二御，各五人；世子上傅，上下史各五人，丞史各五人；三卿、九大夫，上下史各五人，下士史各五人；① 通大夫，上下史各五人；卿，臣二人。

　　故子、男方五十里，五五二十五，爲方十里者六十六，定率得四萬口，爲小國口軍三而立小國。夫人，世婦，左右婦，三良人，二孺子。立一世子，三卿，九大夫，二十七上士，八十一下士，與五通大夫，五上士，十五下士。其上卿比次國之下卿，今四百石。下卿三百石，上士二百石，下士百石。夫人一傅母，三伯，三丞。世婦，左右婦，三良人，二御人，各有師保。世子一上下傅。士宿衛公者，比上卿者三人，下卿六人。夫人御衛者，② 上下御各五人；世婦，左右婦，上下御各五人；二御人，各五人；世子上傅，上下史

---

① “各”，原脱，據盧本補。
② “夫人”，原脱，據盧本補。

各五人；三卿、九大夫，上下史各五人；士，各五人；通一作五。大夫，上下史亦各五人；卿，臣二人。① 此周制也。

《春秋》合伯、子、男爲一等，故附庸字者地方三十里，三三而九，三分而除其一，定得田方十里者六，② 定率得一萬四千四百口，爲口師三，而立一宗婦、二妾、一世子，宰丕、丞一，士一，秩士五人。宰視子男下卿，今三百石。宗婦有師保，御者三人，妾各二人，世子一傅。士宿衛君者，比上卿，下卿一人，上下各如其數。世子傅，上下史各五人，下良五稱名善者，地方半字君之地。九半，四分除其一，得田方十里者三，定率得七千二百口。一世子宰，今二百石。下四半三半二十五。三分除其一，定得田方十里者一，與方里者五十，定得三千六百口。一世子宰，今百石，史五人，宗婦仕衛世子臣。

仁義法第二十九

《春秋》之所治，人與我也。所以治人與我者，仁與義也。以仁安人，以義正我。故仁之爲言人也，義之爲言我也。言名以別矣。仁之於人，義之於我者，不可不察也。衆人不

---

① "二"，原作"三"，據盧本改。
② "六"下，原衍"十"字，據盧本刪。

察，乃反以仁自裕，而以義設人，倨其處而逆其理，鮮不亂矣。一作必亂。是故人莫欲亂，而大抵常亂。凡以闇於人我之分，而不省仁義之所在也。是故《春秋》爲仁義法。仁之法在愛人，不在愛我。義之法在正我，不在正人。我不自正，雖能正人，弗予爲義。人不被其愛，雖厚自愛，不予爲仁。

昔者晉靈公殺膳宰以淑飲食，彈大夫以娛其意，非不厚自愛也，然而不得爲淑人者，不愛人也。質於愛民，以下至于鳥獸昆蟲莫不愛。不愛，奚足謂仁？仁者，愛人之名也。酈，《傳》無大之之辭，自爲追，一作近。則善其所恤遠也。兵已加焉，乃往救之，則弗美。未至豫備一作衞。之，則美之，善其救害之先也。夫救蚤而先之，則害無由起，而天下無害矣。然則觀物之動，而先覺其萌，絶亂塞害於將然而未形之時，《春秋》之志也，其明至矣。非堯舜之智，知禮之本，孰能當此？故救害而先知之明也。① 公之所恤遠，而《春秋》美之。詳其美恤遠之意，則天地之間然後快其仁矣。非三王之德，選賢之精，孰能如此？是以知明先而仁厚遠，遠而愈賢、近而愈不肖者，愛也。故王者愛及四夷，霸者愛及諸侯，安者愛及封内，危者愛及旁側，亡者愛及獨身。獨身者雖立天子諸侯之位，一夫之人耳，無臣民一作人。之用矣。如此者，莫之亡而自亡也。《春秋》不言伐梁者，而言

---

① “明”，原作“門”，據盧本改。

"梁亡"，蓋愛獨及其身者也。故曰仁者愛人，不在愛我，此其法也。

義云者，非謂正人，謂正我。雖有亂世枉上，莫不欲正人。奚謂義？昔者楚靈王討陳蔡之賊，齊桓公執袁濤塗之罪，非不能正人也，然而《春秋》弗予，不得爲義者，我不正也。闔廬能正楚蔡之難矣，而《春秋》奪之義辭，以其身不正也。潞子之於諸侯，無所能正，《春秋》予之有義，其身正也，趨而利也，一無此四字。① 故曰義在正我，不在正人，此其法也。夫我無之求諸人，我有之而誹一作非。諸人，人之所不能受也。其理逆矣，何可謂義？義者，謂宜在我者。宜在我者，而後可以稱義。故言義者，合我與宜，以爲一言。以此操之，義之爲言我也。故曰：有爲而得義者，謂之自得；有爲而失義者，謂之自失。人好義者，謂之自好；人不好義者，謂之不自好。以此參之，義，我也，明矣。

是義與仁殊。仁謂往，② 義謂來；仁大遠，義大近。愛在人謂之仁，義在我謂之義。仁主人，義主我也。故曰：仁者人也，義者我也，此之謂也。君子求仁義之別，以紀人我之間，然後辨乎內外之分，而著於順逆之處也。是故內治反理以正身，據祉一作禮。以勸福；一作瞻。外治推恩以廣施，寬

---

① "而利"，原誤倒，據盧本乙正。
② "往"，原作"住"，據盧本改。

制以容衆。孔子謂冉子曰：“治民者先富之，而後加教。”語樊遲曰：“治身者，先難後獲。”以此之謂治身之與治民，所先後者不同焉矣。《詩》云：“飲之食之，教之誨之。”先飲食而後教誨，謂治人也。又曰：“坎坎伐輻，彼君子兮，不素餐兮。”先其事，後其食，謂之治身也。《春秋》刺上之過，而矜下之苦，小惡在外弗舉，在我書而誹一作非。之。凡此六者，以仁治人，義治我。躬自厚而薄責於外，此之謂也。且《論》已見之，而人不察，曰“君子攻其惡，不攻人之惡”，不攻人之惡，非仁之寬歟？自攻其惡，非義之全歟？此謂之仁造人，義造我，何以異乎？故自稱其惡謂之情，稱人之惡謂之賊；求諸己謂之厚，求諸人謂之薄；自責以備謂之明，責人以備謂之惑。是故以自治之節治人，是居上不寬也；以治人之度自治，是爲禮不敬也。爲禮不敬，則傷行而民弗尊；居上不寬，則傷厚而民弗親。弗親則弗信，弗尊則弗敬，二端之正傎於上，而僻行之則誹於下，仁義之處可無論乎？夫目不視弗見，心弗論不得，雖有天下之至味，弗嚼弗知其旨也；雖有聖人之至道，弗論不知其義也。

必仁且知第三十

莫近於仁，莫急於智。不仁而有勇力財一作材。能，則狂而操利兵也；不智而辨惠猾給，則迷而乘良馬也。故不仁不智而有材能，將以其材能以輔其邪狂之心，而贊其僻違之行，適足以大其非而甚其惡耳。其強足以覆過，其禦足以犯詐，其慧足以惑愚，其辨足以飾非，其堅足以斷辟，其嚴足以拒諫。此非無材能也，其施之不當而處之不義也。有否心者不可藉便埶，其質愚者不與利器。《論》之所謂不知人也者，恐不知別此等也。仁而不知，則愛而不別也；① 知而不仁，則知而不爲也。故仁者所以愛人類也，智者所以除其害也。

何謂仁？仁者憯怛愛人，謹翕不爭，好惡敦倫，② 無傷惡之心，無隱忌之志，無嫉妒之氣，無感愁之欲，無險詖之事，無僻違之行。故其心舒，一作倫。其志平，其氣和，其欲節，其事易，其行道，故能平易和理而無爭也。如此者謂之仁。

何謂之知？先言而後當。凡人欲舍行爲，皆以其知先規而後爲之。其規是者，其所爲得，③ 其所事當，其行遂，其名榮，其身故利而無患，福及子孫，德加萬民，湯武是也。其規非者，其所爲不得其事，其事不當，其行不遂，其名辱，害及其身，絕世無復，殘類滅宗亡國是也。故曰莫急於知。知者見禍福遠，其知利害蚤，物動而知其化，事興而知其歸，見始而知其終，言之而無敢嘩，立之而不可廢，取之而不可

---

① “愛而不別”，原作“愛人而知利”，據盧本改。
② “敦”，原作“敗”，據盧本改。
③ “其”，原脫，據盧本補。

舍，前後不相悖，終始有類，思之而有復，及之而不可厭。其言寡而足，約而喻，簡而達，省而具，少而不可益，多而不可損。其動中倫，一作禮。其言當務，如是者謂之知。其大略之類，天地之物有不常之變者謂之異，小者謂之災，災常先至而異乃隨之。災者，天之譴也；異者，天之威也。譴之而不知，乃畏之以威，《詩》云“畏天之威”，殆此謂也。凡災異之本，盡生於國家之失。國家之失乃始萌芽，而天出災害以譴告之。譴告之而不知變，乃見怪異以驚駭之。驚駭之尚不知畏恐，其殃咎乃至。以此見天意之仁而不欲陷人也。謹案災異不以見天意。天意有欲也，有不欲也。所欲所不欲者，人內以自省，宜有懲於心，外以觀其事，宜有驗於國。故見天意者之於災異也，畏之而不惡也，以爲天欲振吾過，救吾失，故以此救我也。《春秋》之法，上變古易常，應是而有天災者，謂幸國。孔子曰：“天之所幸，有爲不善而屢極。”楚莊王以天不見災，① 地不見孽，則禱之於山川，曰：“天其將亡予耶？不說吾過，極吾罪也。”以此觀之，天災之應過而至也，異之顯明可畏也。此乃天之所欲救也，《春秋》之所獨幸也，莊王所以禱而請也。聖主賢君尚樂受忠臣之諫，而況受天譴也？

---

① “楚”，原作“且”，“以”，原作“曰”，據盧本改。

卷　九

身之養第三十一

天之生人也，使之生義與利。利以養其體，義以養其心。心不得義不能樂，體不得利不能安。義者心之養也，利者體之養也。體莫貴於心，故養莫重於義，義之養生人大於利。奚以知之？今人大有義而甚無利，雖貧與賤，尚榮其行，以自好而樂生，原憲、曾、閔之屬是也。人甚有利而大無義，雖甚富，則羞辱大惡。惡深，禍患重，非立死其罪者，即旋傷殃憂爾，莫能以樂生而終其身，刑戮夭折之民是也。① 夫人一作民。有義者，雖貧能自樂也。而大無義者，雖富莫能自存。吾以此實義之養生人，大於利而厚於財也。民不能知而常反之，皆忘義而殉利，去理而走邪，以賊其身而禍其家。此非其自爲計不忠也，則其知之所不能明也。今握棗與錯金以示嬰兒，必取棗而不取金也。握一斤金與千萬之珠以示野

---

① “夭折”，原誤倒，據盧本乙正。

人，野人必取金而不取珠也。故物之於人，小者易知也，其於大者難見也。今利之於人小而義之於人大者，無怪民之皆趨利而不趨義也，固其所闇也。聖人事明義以照耀其所闇，故民不陷。《詩》云"示我顯德行"，此之謂也。先王顯德以示民，民樂而歌之以爲詩，説而化之以爲俗。故不令而自行，不禁而自止，從上之意，不待使之，若自然矣。故曰：聖人天地動、四時化者，非有他也，其見義大故能動，動故能化，化故能大行，化大行故法不犯，法不犯故刑不用，刑不用則堯舜之功德。此大治之道也，先聖傳授而復也。故孔子曰："誰能出不由戶，何莫由斯道也！"今不示顯德行，民闇於義不能昭，迷於道不能解，固欲大嚴憯以必正之，直殘賊天民而薄主德耳，其勢不行。仲尼曰："國有道，雖加刑，無刑也。國無道，雖殺之，不可勝也。"其所謂有道無道者，示之以顯德行與不示爾。

對膠西合作江都第三十二

命令相曰："大夫蠡、大夫種、大夫庸、大夫睪、大夫車成，越王與此五大夫謀伐吳，遂滅之，雪會稽之恥，卒爲霸主。范蠡去之，種死之，寡人以此二大夫者爲皆賢。孔子曰：'殷有三仁。'今以越王之賢與蠡、種之能，此三人者，寡人亦以爲越有三仁。其於君何如？桓公決疑於管仲，寡人決疑於君。"仲舒伏地再拜，對曰："仲舒知褊而學淺，不足以決之。雖然，主有問於臣，臣不敢不悉以對，禮也。臣仲舒聞，昔者魯君問於柳下惠曰：'我欲攻齊，何如？'柳下惠對曰：'不可。'退而有憂色，曰：'吾聞之也，謀伐國者，不問於仁人也。此何爲至於我？'但見問而尚羞之，而況乃與爲詐以伐吳乎？其不宜明矣。以此觀之，越本無一仁，而安得三仁？仁人者，正其道不謀其利，修其理不急其功，致無爲而習俗大化，可謂仁聖矣，三王是也。《春秋》之義，貴信而賤詐。詐人而勝之，雖有功，君子弗爲也。是以仲尼之門，五尺童子言羞稱五伯。爲其詐以成功，苟爲而已也，故不足稱於大君子之門。五伯者，比於他諸侯爲賢者，比於仁賢，何賢之有？譬猶珷玞比於美玉也。臣仲舒伏地再拜以聞。"

觀德第三十三

天地者，萬物之本，[1] 先祖之所出也。廣大無極，其德昭明，歷年衆多，永永無疆。天出至明，一作昭。衆之類也，其伏無不昭也。地出至晦，星日爲明，不敢闇。君臣、父子、夫婦之道取之此。大禮之終也，臣子三年不敢當。雖當之，必稱先君，必稱先人，不敢貪至尊也。百禮之貴，皆編於月。

---

[1] "本"，原作"泰"，據盧本改。

月編於時，時編於君，君編於天。天之所棄，天下弗佑，①桀紂是也。天子之所誅絕，臣子弗得立，蔡世子、逢丑父是也。王父父所絕，子孫不得屬，魯莊公之不得念母，衛輒之辭父命是也。故受命而海內順之，猶衆星之共北辰，流水之宗滄海也。況生天地之間，法大祖先人之容貌，則其至德取象，衆名尊貴，是以聖人爲貴也。

泰伯至德之俘天地也，②上帝爲之廢適易姓而子之。讓其至德，海內懷歸之，大伯三讓而不敢就位，伯邑考知群心貳，③自引而激，順神明也。至德以受命，豪英高明之人輻湊歸之。高者列爲公侯，下至卿大夫，濟濟乎哉，皆以德序。是故吳、魯同姓也，鍾離之會不得序而稱君，殊魯而會之，爲其夷狄之行也。雞父之戰，吳不得與中國爲禮。至於伯莒黃池之行，變而反道，乃爵而不殊。召陵之會，魯君在是而不得爲主，避齊桓也。魯桓即位十三年，齊、宋、衛、燕舉師而東，紀、鄭與魯戮力而報之。後其日，④ 以魯不得偏，避紀侯與鄭厲公也。

《春秋》常辭，夷狄不得與中國爲禮。至邲之戰，夷狄反背，中國不得與夷狄爲禮，避楚莊也。邢、衛、魯之同姓

---

① “下”，原作“子”，據淩本改。
② “伯”，原作“貴”，據盧本改。
③ “知”，原作“之”，據盧本改。
④ “日”，原作“巳”，據盧本改。

也，狄人滅之，《春秋》爲諱，避齊桓也。[1] 當其如此也，唯德是親，其皆先其親。是故周之子孫，其親等也，而文王最先。四時等也，而春最先。十二月等也，而正月最先。德等也，則先親親。魯十二公等，而定、哀最尊。衛俱諸夏也，善稻之會，獨先内之，爲其與我同姓也。吳俱夷狄也，柤之會，獨先内之，爲其與我同姓也。滅國十五有餘，獨先諸夏，魯、晉俱諸夏也，譏二名，獨先及之。盛伯、郜子俱當絕，而獨不名，爲其與我同姓兄弟也。外出者衆，以母弟出，獨大惡之，爲其忘母背骨肉也。滅人者莫絕，衛侯毀滅同姓獨絕，賤其本祖而忘先也。

親等從近者始，立適以長，母以子貴先。或有母字。甲戌、己丑，陳侯鮑卒，書所見也，而不言其闇者。隕石于宋五，六鶂退飛，耳聞而記，目見而書，或徐或察，皆以其先接於我者序之。其於會朝聘之禮亦猶是。諸侯與盟者衆矣，而儀父獨漸進。鄭僖公方來會我而道殺，《春秋》致其意，謂之如會。潞子離狄而歸，黨以得亡，《春秋》謂之子，以領其意。苞來、首戴、黃池、踐土與操之會，陳、鄭去我，謂之逃歸。鄭處而不來，謂之乞盟。陳侯後至，謂之如會。莒人疑我，貶而稱人。諸侯朝魯者衆矣，而滕、薛獨稱侯。州公化我，奪爵而無號。吳、楚國先聘我者見賢。曲棘與鞌之戰，

先憂我者見尊。

奉本第三十四

　　禮者，繼天地，體陰陽，而愼主客，^①序尊卑貴賤大小之位，而差外內遠近新故之級者也，以德多爲象。萬物以廣博衆多，歷年久者爲象。其在天而象天者，莫大日月，繼天地之光明，莫不照也。星莫大於太辰，北斗常星。北斗常星，部星三百，衛星三千。大火二十六星，伐十三星，北斗七星，常星久辭，二十八宿。多者宿二十八九，其猶蓍百莖而共一本，亀千歲而人寶，是以三代傳決疑焉。其得地體者，莫如山阜。人之得天得衆者，莫如受命之天子。下至公侯伯子男，海內之心懸於天子，疆內之民統於諸侯。日月食，並吉凶，不以其行。有星茀于東方，于泰辰，入北斗，^②常星不見，地震，梁山沙鹿崩，宋、衛、陳、鄭災，王公大夫簒弒，^③《春秋》皆書以爲大異。不言衆星之茀入、霣雨，原隰之襲崩，一國之小民死亡，不決疑於衆草木也。唯田邑之稱，多者主名，君將不言臣，臣不言師，王夷、君獲，不言師敗。孔子曰："唯天爲大，唯堯則之。"則之者，大也。"巍巍乎

---

①　"主客"，原作"至容"，據盧本改。
②　"于泰辰入北斗"，原作"泰辰北斗人"，據盧本改。
③　"夫"，原作"人"，據盧本改。

其有成功也”，言其尊大以成功也。齊桓、晉文不尊周室不能
霸，三代聖人不則天地不能至王。自一作階。此而觀之，可以
知天地之貴矣。夫流深者其水不測，尊至者其敬無窮，是故
天之所加，雖爲災害，猶承而大之，其欽無窮，震夷伯之廟
是也。天無錯舛之災，①地有震動之異。天子所誅絶，所敗
師，雖不中道，而《春秋》者不敢闕，謹之也。故師出者衆
矣，莫言還，至師及齊師圍郕，郕降于齊師，獨言還。其君
劫外，不得已，故可直言也。至於他師，皆其君之過也，②
而曰非師之罪。是臣子之不爲君父受罪，③罪不臣子莫大焉。
夫至明者其照無疆，至晦者其闇無疆。今《春秋》緣魯以言
王義，殺隱、桓以爲遠祖，宗定、哀以爲考妣，至尊且高，
至顯且明。其基壤之所加，潤澤之所被，條條無疆，前是常
數，十年鄰之，幽人近其墓而高明。大國齊宋，離不一無不
字。言會。微國之君，卒葬之禮，録而辭繁。遠夷之君，内
而不外。當此之時，魯無鄙彊，諸侯之伐哀者皆言我。④邾
婁庶其、鼻我，邾婁大夫。《春秋·襄公二十一年》：“邾庶其以漆、
閭丘來奔。”《左氏》曰：“庶其，非卿也。”《公羊》曰：“邾庶其者，何
邾婁大夫也。”《二十三年》：“邾卑我來奔。”杜注：卑我是庶其之黨，同

---

① “舛”，原作“糾”，據盧本改。
② “過”，原作“適”，據盧本改。
③ “子”，原作“下”，據盧本改。
④ “諸侯”上，原衍“請”字，據盧本刪。

有竊邑叛君之罪。《公羊》作"鼻我"，邾婁大夫也。《穀梁》作"畀我"。①　其於我無以親，以近之故，乃得顯明。隱、桓，親《春秋》之先人也，益師卒而不日。於稷之會言其成宋亂，②以通外也。黃池之會以兩伯之辭，言不以爲外，以近内也。

---

①　此行小字原獨立於本卷後，字大同正文，系對"邾婁庶其、鼻我"的注解，今移至此處。

②　"言其成宋亂"，原作"不日言其亂"，據盧本改。

卷　十

深察名號第三十五

　　治天下之端，在審辨大。辨大之端，在深察名號。名者，大理之首章也。録其首章之意，以窺其中之事，則是非可知，逆順自著，其幾通於天地矣。是非之正，取之逆順。逆順之正，取之名號。名號之正，取之天地，天地爲名號之大義也。古之聖人謞^{火角切}。而效天地謂之號，鳴而命施謂之名。名之爲言鳴與命也。號之爲言謞而效也。謞而效天地者爲號，鳴而命者爲名。名號異聲而同本，皆鳴號而達天意者也。天不言，使人發其意；弗爲，使人行其中。名則聖人所發天意，不可不深觀也。受命之君，天意之所予也。故號爲天子者，宜視天如父，事天以孝道也。號爲諸侯者，宜謹視所候奉之天子也。號爲大夫者，宜厚其忠信，敦其禮義，使善大於匹夫之義，足以化也。士者，事也。民者，暝也。士不及化，可使守事從上而已。五號自讚，各有分。分中委曲，曲有名。

名眾於號，號其大全。名也者，^①名其別離分散也。號凡而略，名詳而目。目者，遍辨其事也。凡者，獨舉其大事也。享鬼神者號，一曰祭。祭之散名，春曰祠，夏曰礿，秋曰嘗，冬曰烝。獵禽獸者號，一曰田。田之散名，春苗，秋蒐，冬狩，夏獮。無有不皆中天意者。物莫不有凡號，號莫不有散名，如是。是故事各順於名，名各順於天，天人之際，合而為一。同而通理，動而相益，順而相受，謂之德道。《詩》曰："維號斯言，有倫有迹。"此之謂也。

深察王號之大意，其中有五科：皇科、方科、匡科、黃科、往科。合此五科，以一言謂之王。王者，皇也；王者，方也；王者，匡也；王者，黃也；王者，往也。是故王意不普大皇，則道不能正直而方；道不能正直而方，則德不能匡運周遍；德不匡運周遍，則美不能黃；美不能黃，則四方不能往；四方不能往，則不全於王。故曰：天覆無外，地載兼愛，風行令而壹其威，雨布施而均其德，王術之謂也。

深察君號之大意，其中亦有五科：元科、原科、權科、溫科、群科。合此五科，以一言謂之君。君者，元也；君者，原也；君者，權也；君者，溫也；君者，群也。是故君意不比於元，則動而失本；動而失本，則所為不立；所為不立，則不效於原；不效於原，則自委舍；自委舍，則化不行。用

---

① "名"，原作"暝"，據盧本改。

權於變，則失中適之宜；失中適之宜，則道不平，德不溫；道不平，德不溫，則衆不親安；衆不親安，則離散不群；離散不群，則不全於君。

名生於真，非其真，弗以爲名。名者，聖人之所以真物也。名之爲言真也，故凡百譏有黮黮者各反其真，則黮黮者還昭昭耳。欲審曲直莫如引繩，欲審是非莫如引名。名之審於是非也，猶繩之審曲直也。詰其名實，觀其離合，則是非之情不可以相讕_{力但切}，誣言相加。已。

今世闇於性，言之者不同，胡不試反性之名。性之名非生與？如其生之自然之資謂之性。性者，質也。詰性之質於善之名，能中之與？既不能中矣，而尚謂之質善，何哉？性之名不得離質。離質如毛，則非性已，不可不察也。

《春秋》辨物之理，以正其名。名物如其真，不失秋毫之末。故名霣石則後其五，言退鶂則先其六，聖人之謹於正名如此。“君子於其言，無所苟而已。”五石、六鶂之辭是也。

栣_{如甚切，}楲也。衆惡於內，弗使得發於外者，心也。故心之爲名，栣也。人之受氣苟無惡者，心何栣哉？吾以心之名，得人之誠。人之誠，有貪有仁。仁貪之氣，兩在於身。身之名取諸天，天兩有陰陽之施，身亦兩有貪仁之性。天有陰陽禁，身有情欲栣，與天道一也。是故陰之行不得干春夏，而月之魄常厭於日光。① 乍全乍傷，天之禁陰如此，安得不損其欲而輟其情以應天？天所禁而身禁之，故曰身猶天也。禁天所禁，非禁天也。必知天性不乘於教，② 終不能栣。察實以爲名，無教之時，性何據若是？③

故性比於禾，善比於米。米出禾中，④ 而禾未可全爲米也。善出性中，而性未可全爲善也。善與米，人之所繼天而成於外，非在天所爲之内也。天之所爲，有所至而止。止之内謂之天性，止之外謂之人事。事在性外，而性不得不成德。民之號，取之瞑也。使性而已善，則何故以瞑爲號？以霣者，言弗扶將則顛陷猖狂，安能善？性有似目，目臥幽而瞑，待覺而後見。當其未覺，可謂有見質而不可謂見。今萬民之性，有其質而未能覺，譬如瞑者待覺教之然後善。當其未覺，可謂有善質而不可謂善，⑤ 與目之瞑而覺，一概之比也。靜心徐察之，其言可見也。性如瞑之未覺，天所爲也。效天所爲，爲之起號，故謂之民。民之爲言，固猶瞑也。隨其名號以入其理，則得之矣。

是正名號者於天地，天地之所生謂之情性，情性相與爲

---

① “魄”，原脱，據盧本補。
② “知”，原作“之”，據盧本改。
③ “性”下，原衍“禁天所禁非天也”，據宋嘉定本原校“一本無上七字”及盧本删。
④ “禾”，原作“和”，據盧本改。
⑤ “善質”之“善”，原脱，據盧本改。

一瞑。情亦性也，謂性已善，奈其情何？故聖人莫謂性善，累其名也。身之有性情也，若天之有陰陽也，言人之質而無其情，猶言天之陽而無其陰也。窮論者，無時受也。

名性，不以上，不以下，以其中名之。① 性如繭如卵，卵待覆而爲雛，繭待繰而爲絲，性待教而爲善，此之謂真天。天生民，性有善質而未能善，於是爲之立王以善之，此天意也。民受未能善之性於天，而退受成性之教於王。王承天意，以成民之性爲任者也。今案其真質而謂民性已善者，是失天意而去王任也。萬民之性苟信已善，則王者受命尚何任矣？其設名不正，故棄重任而違大命，非法言也。《春秋》之辭，内事之待外者，從外言之。今萬民之性，待外教然後能善，善當與教，不當與性。與性則多累而不精，自成功而無賢聖，此世長者之所誤出也，非《春秋》爲辭之術也。不法之言、無驗之説，君子之所外，何以爲哉？

或曰：性有善端，心有善質，尚安非善？應之曰：非也。繭有絲而繭非絲也，卵有雛而卵非雛也，比類率然，有何疑焉？天生民有六經，言性者不當異。然其或曰性也善，或曰性未善，則所謂善者，各異意也。性有善端，動之愛父母，善於禽獸，則謂之善。此孟子之言。循三綱五紀，通八端之理，忠信而博愛，敦厚而好禮，乃可謂善，此聖人之善也。

---

① "名"，原作"民"，據盧本改。

是故孔子曰："善人吾不得而見之，得見有常者斯可矣。"由
是觀之，聖人之所謂善，未易當也，非善於禽獸則謂之善也。
使動其端善於禽獸則可謂之善，善奚爲弗見也？夫善於禽獸
之未得爲善也，猶知於草木而不得名知。萬民之性善於禽獸
而不得名善，知之名乃取之聖。聖人之所命，天下以爲正。
正朝夕者視北辰，正嫌疑者視聖人。聖人以爲無王之世，不
教之民，① 莫能當善。善之難當如此，而謂萬民之性皆能當
之，過矣。質於禽獸之性則萬民之性善矣，質於人道之善則
民性弗及也。萬民之性善於禽獸者許之，聖人之所善者勿許，
吾質之命性者異孟子。孟子下質於禽獸之所爲，故曰性已善。
吾上質於聖人之所善，故謂性未善。善過性，聖人過善。《春
秋》大元，故謹於正名。名非所始，如之何謂未善已善也？

實性第三十六

孔子曰："名不正則言不順。"今謂性已善，不幾於無教
而如其自然，又不順於爲政之道矣。且名者性之實，實者性
之質也。無教之時，何處能善？善如米，性如禾，禾雖出米，
而禾未可謂米也。性雖出善，而性未可謂善也。米與善，人
之繼天而成於外也，非在天所爲之內也。天所爲，有所至而

---

① "民"上，原衍"名"字，據盧本刪。

止。止之內謂之天，止之外謂之王教。王教在性外，而性不得不遂。故曰：性有善質而未能爲善也。豈敢美辭？其實然也。天之所爲，止于繭麻與禾。以麻爲布，以繭爲絲，以米爲飯，以性爲善，此皆聖人所繼天而進也，非情性質樸之能至也，故不可謂性。

正朝夕者視北辰，正嫌疑者視聖人。聖人之所名，天下以爲正。今案聖人言中，本無性善名，而有善人吾不得見之矣。使萬民之性皆已能善，善人者何爲不見也？觀孔子言此之意，以爲善難當甚，而孟子以爲萬民性皆能當之，過矣。聖人之性不可以名性，斗筲之性又不可以名性。名性者，中民之性。中民之性如繭如卵，卵待覆二十日而後能爲雛，繭待繰以綰湯而後能爲絲，性待漸於教訓而後能爲善。善，教訓之所然也，非質樸之所能至也，故不謂性。

性者宜知名矣，無所待而起，生而所自有也。善所自有，則教訓已非性也。是以米出於粟而粟不可謂米，玉出於璞而璞不可謂玉，善出於性而性不可謂善。其比多在物者爲然，在性者以爲不然，何不通於類也？卵之性未能作雛也，繭之性未能作絲也，麻之性未能爲縷也，粟之性未能爲米也。《春秋》別物之理以正其名，名物必各因其真。真其義也，真其情也，乃以爲名。名實石則後其五，退飛則先其六，此皆其真也。聖人於言，無所苟而已矣。性者，天質之樸也；善者，王教之化也。無其質則王教不能化，無其王教則質樸不能善。

質而不以善性，其名不正，故不受也。

諸侯第三十七

生育養長，成而更生，終而復始，其事所以利活民者無已。天雖不言，其欲瞻足之意可見也。古之聖人見天意之厚於人也，故南面而君天下，必以兼利之。爲其遠者目不能見，其隱者耳不能聞，於是千里之外，割地分民而建國立君，使爲天子視所不見，聽所不聞，朝者召而問之也。諸侯之爲言，猶諸侯也。

五行第三十八

河間獻王問温城董君曰：“《孝經》曰：‘夫孝，天之經，地之義。’何謂也？”對曰：“天有五行，木火土金水是也。木生火，火生土，土生金，金生水。水爲冬，金爲秋，土爲季夏，火爲夏，木爲春。春主生，夏主長，季夏主養，秋主收，冬主藏。藏，冬之所成也。是故父之所生，其子長之；父之所長，其子養之；父之所養，其子成之。諸父所爲，其子皆奉承而續行之，不敢不致如父之意，盡爲人之道也。故五行者，五行也。由此觀之，父授，子受之，乃天之道也。故曰：夫孝者，天之經也。此之謂也。”

　　王曰：“善哉。天經既得聞之矣，願聞地之義。”對曰：
“地出雲爲雨，起氣爲風。風雨者，地之所爲。地不敢有其功
名，必上之於天。命若從天氣者，故曰天風天雨也，莫曰地
風地雨也。勤勞在地，名壹歸于天，非至有義，其孰能行此？
故下事上如地事天也，可謂大忠矣。土者，火之子也，五行
莫貴於土。土之於四時無所命者，不與火分功名。木名春，
火名夏，金名秋，水名冬。忠臣之義，孝子之行，取之土。
土者，五行最貴者也，其義不可以加矣。五聲莫貴於宮，五
味莫美於甘，五色莫貴於黄，此謂孝者地之義也。”王曰：
“善哉！”①

闕文第三十九

闕文第四十

---

　　① “善哉”後原有“衣服容貌者”至“此之謂也”共八十五字，據淩本移爲
《爲人者天第四十一》篇末。

卷十一

爲人者天第四十一

爲生不能爲人，爲人者天也。人之人本於天，天亦人之曾祖父也，此人之所以乃上類天也。人之形體，化天數而成；人之血氣，化天志而仁；人之德行，化天理而義；人之好惡，化天之暖清；人之喜怒，化天之寒暑；人之受命，化天之四時。人生有喜怒哀樂之荅，春秋冬夏之類也。喜，春之荅也；怒，秋之荅也；樂，夏之荅也；哀，冬之荅也。天之副在乎人，人之情性有由天者矣。故曰受，由天之號也。爲人主也，道莫明省身之天，如天出之也。使其出也，荅天之出四時而必忠其受也，則堯舜之治無以加。是可生可殺，而不可使爲亂。故曰："非道不行，非法不言。"此之謂也。

傳曰：唯天子受命於天，天下受命於天子，一國則受命於君。君命順則民有順命，逆則民有逆命。故曰："一人有慶，萬民賴之。"此之謂也。傳曰：政有三端：父子不親則致其愛慈，大臣不和則敬順其禮，百姓不安則力其孝弟。孝弟者，所以安百姓也。力者，勉行之身以化之。天地之數，不能獨以寒暑成歲，必有春夏秋冬。聖人之道，不能獨以威勢成政，必有教化。故曰：先之以博愛，教以仁也。難得者，①君子不貴，教以義也。雖天子，必有尊也，教以孝也。必有先也，教以弟也。此威勢之不足獨恃，而教化之功不大乎！

傳曰：天生之，地載之，聖人教之。君者，民之心也；民者，君之體也。心之所好，體必安之；君之所好，民必從之。故君民者，貴孝弟而好禮義，重仁廉而輕財利，躬親職此於上，而萬民聽生善於下矣。故曰："先王見教之可以化民也。"此之謂也。

衣服容貌者，所以說目也；聲音應對者，所以說耳也；好惡去就者，所以說心也。故君子衣服中而容貌恭，則目說矣；言理應對遜，則耳說矣；好仁厚而惡淺薄，就善人而遠僻鄙，則心說矣。故曰：行意可樂，容止可觀，此之謂也。

五行之義第四十二

天有五行：一曰木，二曰火，三曰土，四曰金，五曰水。木，五行之始也；水，五行之終也；土，五行之中也。此其天次之序也。木生火，火生土，土生金，金生水，水生木，

---

① "難"，原作"雖"，據盧本改。

此其父子也。木居左，金居右，火居前，水居後，土居中央，此其父子之序，相受而布。是故木受水而火受木，土受火而金受土，水受金也。諸授之者，皆其父也；受之者，皆其子也。常因其父以使其子，天之道也。是故木已生而火養之，金已死而水藏之，火樂木而養以陽，水克金而喪以陰，土之事天竭其忠。故五行者，乃孝子忠臣之行也。

五行之爲言，猶五行歟？是故以得辭也，聖人知之，故多其愛而少嚴，厚養生而謹送終，就天之制也。以子而迎成養，如火之樂木也；喪父，如水之克金也；事君，若土之敬天也。可謂有行人矣。

五行之隨，各如其序；五行之官，各致其能。是故木居東方而主春氣，火居南方而主夏氣，金居西方而主秋氣，水居北方而主冬氣。是故木主生而金主殺，火主暑而水主寒。使人必以其序，官人必以其能，天之數也。

土居中央，爲之天潤。土者，天之股肱也，其德茂美，不可名以一時之事，故五行而四時者，土兼之也。金木水火雖各職，不因土方不立，若酸鹹辛苦之不因甘肥不能成味也。甘者，五味之本也；土者，五行之主也。五行之主土氣也，猶五味之有甘肥也，不得不成。是故聖人之行，莫貴於忠，土德之謂也。人官之大者，不名所職，相其是矣。天官之大者，不名所生，土是矣。

陽尊陰卑第四十三

天之大數，畢於十旬。旬天地之間，十而畢舉；旬生長之功，十而畢成。十者，天數之所止也。古之聖人，因天數之所止以爲數紀。十如更始，民世世傳之，而不知省其所起。知省其所起，則見天數之所始。見天數之所始，則知貴賤逆順所在。知貴賤逆順所在，則知天地之情著，聖人之寶出矣。

是故陽氣以正月始出于地，生育養長于上。至其功必成也，而積十月。人亦十月而生，合於天數也。是故天道十月而成，[①] 人亦十月而成，合於天道也。故陽氣出於東北，入於西北，發於孟春，畢於孟冬，而物莫不應是。陽始出，物亦始出；陽方盛，物亦方盛；陽初衰，物亦初衰。物隨陽而出入，數隨陽而終始，[②] 三王之正，隨陽而更起。以此見之，貴陽而賤陰也。故數日者，據晝而不據夜；數歲者，據陽而不據陰，不得達之義。

是故《春秋》之於昏禮也，達宋公而不達紀侯之母，紀侯之母宜稱而不達，宋公不宜稱而達。[③] 達陽而不達陰，以

---

① "天道"，原脱，據盧本補。

② "隨"，原脱，據盧本補。

③ "達宋公而不達紀侯之母，紀侯之母宜稱而不達，宋公不宜稱而達"，原作"達未宋公而不達宋公不宜稱而達"，據盧本改。

天道制之也。丈夫雖賤皆爲陽，婦人雖貴皆爲陰。陰之中亦相爲陰，陽之中亦相爲陽。諸在上者皆爲其下陽，諸在下者各爲其上陰，陰猶沈也。何名何有，皆並壹於陽，昌力而辭功。故出雲起雨，必令從之下，命之曰天雨。不敢有其所出，上善而下惡。惡者受之，善者不受。

夫喜怒哀樂之發與清暖寒暑，其實一類也。喜氣爲暖而當春，怒氣爲清而當秋，樂氣爲太陽而當夏，哀氣爲太陰而當冬。四氣者，天與人所同有也，非人所能畜也，故可節而不可止也。節之而順，止之而亂。人生於天，而取化於天。喜氣取諸春，樂氣取諸夏，怒氣取諸秋，哀氣取諸冬，四氣之心也。四肢之各有處，① 如四時；寒暑不可移，若肢體。肢體移易其處，謂之夭人；寒暑移易其處，謂之敗歲；喜怒移易其處，謂之亂世。明王正喜以當春，正怒以當秋，正樂以當夏，正哀以當冬。上下法此，以取天之道。春氣愛，秋氣嚴，夏氣樂，冬氣哀。愛氣以生物，嚴氣以成功，樂氣以養生，哀氣以喪終，天之志也。是故春氣暖者，天之所以愛而生之；秋氣清者，天之所以嚴而成之；夏氣溫者，天之所以樂而養之；冬氣寒者，天之所以哀而藏之。春主生，夏主養，冬主藏，秋主收。生溉其樂以養，死溉其哀以藏，爲人

① “之”下，原衍“答”字，據蘇本刪。

105

子者也。故四時之比，父子之道也；① 天地之志，君臣之義也；陰陽之理，② 聖人之法也。③

陰，刑氣也；陽，德氣也。陰始於秋，陽始於春。春之爲言，猶偆偆也；秋之爲言，猶湫湫也。偆偆者，喜樂之貌也；湫湫者，憂悲之狀也。是故春喜、夏樂、秋憂、冬悲，悲死而樂生。以夏養春，以冬藏秋，④ 大人之志也。是故先愛而後嚴，樂生而哀終，天之當也。而人資諸天，大德而小刑也。是故人主近天之所近，遠天之所遠，大天之所大，小天之所小。是故天數右陽而不右陰，務德而不務刑。刑之不可任以成世也，猶陰不可任以成歲也。爲政而任刑，謂之逆天，非王道也。

王道通三第四十四

古之造文者，三畫而連其中謂之王。三畫者，天地與人也。而連其中者，通其道也。取天地與人之中以爲貫而參通之，非王者孰能當是？是故王者唯天之施，施其時而成之，法其命而循之諸人，法其數而以起事，治其道而以出法，治

---

① “也”，原脱，據蘇本補。
② “之”，原脱，據蘇本補。
③ “聖”，原脱，據蘇本補。
④ “藏”，原作“喪”，據蘇本改。

其志而歸之於仁。仁之美者在於天，大仁也。天覆育萬物，既化而生之，有養而成之，事功無已，①終而復始，凡舉歸之以奉人。察於天之意，無窮極之仁也。人之受命於天也，取仁於天而仁也。是故人之受命天之尊，父兄子弟之親，有忠信慈惠之心，有禮義廉讓之行，有是非逆順之治，文理燦然而厚，知廣大有而博，唯人道爲可以參天。

天常以愛利爲意，以養長爲事，春秋冬夏皆其用也。王者亦常以愛利天下爲意，以安樂一世爲事，②好惡喜怒而備用也。然而主好惡喜怒，乃天之春秋冬夏也，③其俱暖清寒暑而以變化成功也。天出此物者，時則歲美，不時則歲惡。人主出此四者，義則世治，不義則世亂。是故治世與美歲同數，④亂世與惡歲同數，以此見人理之副天道也。天有寒有暑，土若地，義之至也。

是故《春秋》君不名惡，臣不名善，善皆歸於君，惡皆歸於臣。⑤臣之義比於地，故爲人臣下者視地之事天也。爲人子者視土之事火也，雖居中央，亦歲七十二日之王，傅於火以調和養長，⑥然而弗名者，皆并功於火，火得以盛，不

---

① "已"，原作"以"，據盧本改。
② "一"，原脫，據盧本補。
③ "天"下，原衍"下"字，據盧本刪。
④ "美"，原作"義"，據盧本改。
⑤ "皆"，原作"者"，據盧本改。
⑥ "傅"，原作"傳"，據淩本改。

敢與父分功美，孝之至也。是故孝子之行、忠臣之義，皆法
于地也。地事天也，猶下之事上也。地，天之合也，物無合
會之義。

是故推天地之精，運陰陽之類，以別順逆之理。安所加
以不在？在上下，在小大，在強弱，在賢不肖，在善惡。惡
之屬盡爲陰，善之屬盡爲陽。陽爲德，陰爲刑。刑反德而順
於德，亦權之類也。雖曰權，皆在權成。是故陽行於順，陰
行於逆。逆行而順，順行而逆者，陰也。是故天以陰爲權，
以陽爲經。陽出而南，陰出而北。經用於盛，權用於末。以
此見天之顯經隱權，前德而後刑也。故曰：陽，天之德；陰，
天之刑也。陽氣暖而陰氣寒，陽氣予而陰氣奪，陽氣仁而陰
氣戾，陽氣寬而陰氣急，陽氣愛而陰氣惡，陽氣生而陰氣殺。
是故陽常居實位而行於盛，陰常居空虛而行於末。天之好仁
而近，惡戾之變而遠，大德而小刑之意也。先經而後權，貴
陽而賤陰也。故陰，夏入居下，不得任歲事，冬出居上，置
之空處也。養長之時伏於下，遠去之，弗使得爲陽也。無事
之時起之空處，使之備次陳，守閉塞也。此皆天之近陽而
遠陰。

天固有此，然而無所之，如其身而已矣。人主立於生殺
之位，與天共持變化之勢。物莫不應天化，天地之化如四時，
所好之風出，則爲暖氣而有生於俗。所惡之風出，則爲清氣
而有殺於俗。喜則爲暑氣而有養長也。怒則爲寒氣而有閉塞

也。人主以好惡喜怒變習俗，而天以暖清寒暑化草木。喜樂時而當則歲美，不時而妄則歲惡，天地人主一也。然則人主之好惡喜怒，乃天之暖清寒暑也，不可不審其處而出也。當暑而寒，當寒而暑，必爲惡歲矣。人主當喜而怒，當怒而喜，必爲亂世矣。是故人主之大守，在於謹藏而禁內，使好惡喜怒必當義乃出，若暖清寒暑之必當其時乃發也。人主掌此而無失，使乃好惡喜怒未嘗差也，如春秋冬夏之未嘗過也，可謂參天矣。深藏此四者而勿使妄發，可謂天矣。

天容第四十五

天之道，有序而時，有度而節，變而有常，反而有相奉，① 微而至遠，踔而致精，一而稍積蓄，廣而實，虛而盈。聖人視天而行，是故其禁而審好惡喜怒之處也，欲合諸天之非其時，不出暖清寒暑也。其告之以政令而化風之清微也，欲合諸天之顛到其一而以成歲也。其羞淺末華虛而貴敦厚忠信也，欲合諸天之默然不言而功德積成也。其不阿黨偏私而美泛愛兼利也，欲合諸天之所以成物者少霜而多露也。其內自省以是而外顯，不可以不時。人主有喜怒，不可以不時。可亦爲時，時亦爲義，喜怒以類合，其理一也。故義不義者，

---

① “反”，原作“及”，據盧本改。

時之合類也，而喜怒乃寒暑之別氣也。

天辨在人第四十六

難者曰：陰陽之會，一歲再遇於南方者以中夏，遇於北方者以中冬。冬喪物之氣也，則其會於是何？如金木水火，各奉其所主以從陰陽，相與壹力而并功。其實非獨陰陽也，然而陰陽因之以起，助其所主。故少陽因木而起，助春之生也；大陽因火而起，助夏之養也；少陰因金而起，助秋之成也；大陰因水而起，助冬之藏也。陰雖與水并氣而合冬，其實不同，故水獨有喪而陰不與焉。是以陰陽會於中冬者，非其喪也。春愛志也，夏樂志也，秋嚴志也，冬哀志也。故愛而有嚴，樂而有哀，四時之則也。喜怒之禍，哀樂之義，不獨在人，亦在於天，而春夏之陽，秋冬之陰，不獨在天，亦在於人。人無春氣，何以博愛而容眾？人無秋氣，何以立嚴而成功？人無夏氣，何以盛養而樂生？人無冬氣，何以哀死而恤喪？天無喜氣，亦何以暖而春生育？天無怒氣，亦何以清而秋殺就？天無樂氣，亦何以竦陽而夏養長？天無哀氣，亦何以激陰而冬閉藏？故曰：天乃有喜怒哀樂之行，人亦有春秋冬夏之氣者，合類之謂也。匹夫雖賤，而可以見德刑之用矣。是故陰陽之行，終各六月，遠近同度，而所在異處。陰之行，春居東方，秋居西方，夏居空右，冬居空左，夏居空下，冬居空上，此陰之常處也。陽之行，春居上，冬居下，此陽之常處也。陰終歲四移，而陽常居實，非親陽而疎陰，任德而遠刑與？

天之志，常置陰空處，稍取之以爲助。故刑者德之奉，陰者陽之助也。陽者，歲之主也。天下之昆蟲隨陽而出入，[①]天下之草木隨陽而生落，天下之三王隨陽而改正，天下之尊卑隨陽而序位。幼者居陽之所少，老者居陽之所老，貴者居陽之所盛，賤者當陽之所衰。藏者，言其不得當陽。不當陽者，[②]臣是也。陽者，君父是也。故人主南面，以陽爲位也。陽貴而陰賤，天之刑也。禮之尚右，非尚陰也，敬老陽而尊成功也。

陰陽位第四十七

陽氣始出東北而南行，就其位也；西轉而北入，藏其休也。陰氣始東南而北行，亦就其位也；西轉而南入，屏其伏也。是故陽以南方爲位，以北方爲休；陰以北方爲位，以南方爲休。陽至其位而大暑熱，陰至其位而大寒凍；陽至其休而入化於地，陰至其伏而避德於下。是故夏出長於上，冬入

---

① “陽”，原作“陰”，據盧本改。
② “不”，原作“而”，據盧本改。

化於下者，陽也；夏入守虛地於下，冬出守虛位於上者，陰也。陽出實入實，陰出空入空。天之任陽不任陰，好德不好刑，如是也，故陰陽終歲各壹出。

卷十二

陰陽終始第四十八

天之道，終而復始。故北方者，天之所終始也，陰陽之所合別也。冬至之後，陰俯而西入，陽仰而東出，出入之處常相反也。多少調和之適，常相順也。有多而無溢，有少而無絕。春夏陽多而陰少，秋冬陽少而陰多，多少無常，未嘗不分而相散也。以出入相損益，以多少相概濟也。多勝少者倍入，入者損一，而出者益二。天所起一，① 動而再倍，常乘反衡再登之勢，以就同類，② 與之相報，故其氣相俠，而以變化相輸也。春秋之中，③ 陰陽之氣俱相併也。中春以生，中秋以殺。④ 由此見之，天之所起其氣積，天之所廢其氣隨。故至春少陽東出就木，與之俱生；至夏大陽南出就火，與之

---

① 上兩句中，"者益二天所起"，原漫漶不清，此據盧本。
② "以就同類"，原漫漶不清，此據盧本。
③ 上兩句中，"輸也春秋之中"，原漫漶不清，此據盧本。
④ "中秋以殺"，原漫漶不清，此據盧本。

俱暖。此非各就其類而與之相起與？少陽就木，太陽就火，火木相稱，各就其正，此非正其倫與？至于秋時，少陰興而不得以秋從金，從金而傷火功，雖不得以從金，亦以秋出于東方，俯其處而適其事，以成歲功，此非權與？陰之行，固常居虛而不得居實。至于冬而止空虛，大陽乃得北就其類，而與水起寒。是故天之道有倫、有經、有權。

陰陽義第四十九

天道之常，一陰一陽。陽者天之德也，陰者天之刑也。迹陰陽終歲之行，以觀天之所親而任。成天之功，猶謂之空，空者之實也。故清溧之於歲也，若酸鹹之於味也，僅有而已矣。聖人之治，亦從而然。天之少陰用於功，大陰用於空。人之少陰用於嚴，而大陰用於喪。喪亦空，空亦喪也。是故天之道以三時成生，以一時喪死。死之者，謂百物枯落也；喪之者，謂陰氣悲哀也。天亦有喜怒之氣、哀樂之心，與人相副。以類合之，天人一也。春，喜氣也，故生；秋，怒氣也，故殺；夏，樂氣也，故養；冬，哀氣也，故藏。四者天人同有之，有其理而一用之。與天同者大治，與天異者大亂。故爲人主之道，① 莫明於在身之與天同者而用之，使喜怒必

---

① “主”，原作“生”，據盧本改。

當義乃出，如寒暑之必當其時乃發也。使德之厚於刑也，如陽之多於陰也。是故天之行陰氣也，少取以成秋，其餘以歸之冬。聖人之行陰氣也，少取以立嚴，其餘歸之喪。喪亦人之冬氣，故人之大陰，不用於刑而用於喪；天之大陰，不用於物而用於空。空亦爲喪，喪亦爲空，其實一也，皆喪死亡之心也。

陰陽出入第五十

天道大數，相反之物也，不得俱出，陰陽是也。春出陽而入陰，秋出陰而入陽，夏右陽而左陰，冬右陰而左陽。陰出則陽入，陽出則陰入；[①] 陰右則陽左，陰左則陽右。是故春俱南，秋俱北，[②] 而不同道；夏交於前，冬交於後，而不同理。並行而不相亂，澆滑而各持分，此之謂天之意。而何以從事？天之道，初薄大冬，陰陽各從一方來，而移於後。陰由東方來西，陽由西方來東，至于中冬之月，相遇北方，合而爲一，謂之曰至。別而相去，陰適右，陽適左，適左者其道順，適右者其道逆。逆氣左上，順氣右下，故下暖而上寒。以此見天之冬右陰而左陽也，上所右而下所左也。冬月盡而陰陽俱南還，陽南還出於寅，陰南還入於戌，此陰陽所始出地入地之見處也。至于

---

① "陽出則陰入"，原作"陽入則陰出"，據盧本改。
② "北"，原作"比"，據盧本改。

中春之月，陽在正東，陰在正西，謂之春分。春分者，陰陽相半也，故晝夜均而寒暑平。陰日損而隨陽，陽日益而鴻，故爲暖熱。初得大夏之月，相遇南方，合而爲一，謂之曰至。別而相去，陽適右，陰適左。適左由下，適右由上，上暑而下寒，以此見天之夏右陽而左陰也，上其所右，下其所左。夏月盡而陰陽俱北還，陽北還而入於申，陰北還而入於辰，此陰陽之所始出地入地之見處也。至于中秋之月，陽在正西，陰在正東，謂之秋分。秋分者，陰陽相半也，故晝夜均而寒暑平。陽日損而隨陰，陰日益而鴻，故至于季秋而始霜，至于孟冬而始寒，[①]小雪而物咸成，[②] 大寒而物畢藏，天地之功終矣。

天道無二第五十一

天之常道，相反之物也。不得兩起，故謂之一。一而不二者，天之行也。陰與陽，相反之物也。故或出或入，或右或左，春俱南，秋俱北，夏交於前，冬交於後，並行而不同路，交會而各代理，此其文與？天之道，有壹出壹入，壹休壹伏，其度一也，然而不同意。陽之出，常縣於前，而任歲事；陰之出，常縣於後，而守虛空。陽之休也，功已成於上

---

① "寒"上，原衍"大"字，據盧本刪。
② "小"，原作"下"，據盧本改。

而伏於下；陰之伏也，不得近義而遠其處也。天之任陽不任陰，好德不好刑如是。故陽出而前，陰出而後，尊德而卑刑之心見矣。陽出而積於夏，任德以歲事也；陰出而積於冬，錯刑於空處也，必以此察之。① 天無常於物而一於時，時之所宜而一爲之。故開一塞一，起一廢一，至畢時而止，② 終有復始於一。③ 一者，一也。是於天凡在陰位者皆惡亂善，不得主名，天之道也。故常一而不滅，天之道。事無大小，物無難易。反天之道，無成者。是以目不能貳視，耳不能貳聽，一手不能二事，一手畫方，一手畫圓，莫能成。人爲小易之物，而終不能成，反天之不可行如是。是故古之人物而書文，心止於一中者謂之忠，④ 持二忠者謂之患。患，人之忠不一者也。不一者，故患之所由生也，是故君子賤二而貴一。人孰無善？善不一，故不足以立身。治孰無常？常不一，故不足以致功。《詩》云："上帝臨汝，無二爾心。"知天道者之言也。

暖燠孰多第五十二

天之道，出陽爲暖以生之，出陰爲清以成之。是故非薰

---

① "必"，原作"小"，據盧本改。
② "至"上，原衍"而"字，據盧本刪。
③ "於"，原作"其"，據盧本改。
④ "心""中"，原脫，據盧本補。

也不能有育，非凓也不能有孰，歲之精也。知心而不省薰與
凓孰多者，用之必與天戾。與天戾，雖勞不成。是自正月至
于十月，而天之功畢。計是間者，陰與陽各居幾何？薰與凓
其日孰多？距物之初生，至其畢成，露與霜其下孰倍？故從
中春至於秋，①氣溫柔和調。乃季秋九月，陰乃始多於陽，
天乃於是時出凓下霜。出凓下霜，而天降物固已皆成矣。②
故九月者，天之功大究於是月也，十月而悉畢。故案其迹，
數其實，清凓之日少少耳。功已畢成之後，陰乃大出。天之
成功也，少陰與而大陰不與，少陰在內而大陰在外，故霜加
於物而雪加於空。③空者，宣地而已，不逮物也。功已畢成
之後，物未復生之前，大陰之所常出也。雖曰陰，亦以大陽
資化其位，而不知所受之。故聖王在上位，天覆地載，風令
雨施。雨施者，布德均也；風令者，言令直也。《詩》云：
“不識不知，順帝之則。”言弗能知識而效天之所爲云爾。禹
水湯旱，非常經也，適遭世氣之變，而陰陽失平。堯視民如
子，民視堯如父母。《尚書》曰：“二十有八載，放勛乃殂
落，百姓如喪考妣。四海之內，闕密八音三年。”三年陽氣壓
於陰，陰氣大興，此禹所以有水名也。桀，天下之殘賊也；
湯，天下之盛德也。天下除殘賊而得盛德大善者再，是重陽

---

① “至”，原作“生”，據盧本改。

② “天”，原作“大”，據盧本改。

③ 上“於”字，原脫，據蘇本補。

也，故湯有旱之名。皆適遭之變，非禹湯之過。毋以適遭之變疑平生之常，則所守不失，則正道益明。

基義第五十三

凡物必有合。合，必有上，必有下，必有左，必有右，必有前，必有後，必有表，必有裏。有美必有惡，有順必有逆，有喜必有怒，有寒必有暑，有畫必有夜，此皆其合也。陰者陽之合，妻者夫之合，子者父之合，臣者君之合。物莫無合，而合各有陰陽。陽兼於陰，陰兼於陽，夫兼於妻，妻兼於夫，父兼於子，子兼於父，君兼於臣，臣兼於君。君臣、父子、夫婦之義，皆取諸陰陽之道。君爲陽，臣爲陰；父爲陽，子爲陰；夫爲陽，妻爲陰。陰道無所獨行，其始也不得專起，其終也不得分功，有所兼之義。是故臣兼功於君，子兼功於父，妻兼功於夫，陰兼功於陽，地兼功於天。舉而上者，抑而下也；有屏而左也，[①] 有引而右也；有親而任也，有疏而遠也；有欲日益也，有欲日損也。益而用而損其妨，有時損少而益多，有時損多而益少。少而不至絕，多而不至溢。陰陽二物，終歲各壹出。壹其出，遠近同度而不同意。陽之出也，常縣於前而任事；陰之出也，常縣於後而守空處。

---

① "屏"下，原衍"送"字，據盧本刪。

此見天之親陽而疏陰，① 任德而不任刑也。是故仁義制度之數，盡取之天。天爲君而覆露之，地爲臣而持載之；陽爲夫而生之，陰爲婦而助之；春爲父而生之，夏爲子而養之；秋爲死而棺之，冬爲痛而喪之。王道之三綱，可求于天。天出陽，爲暖以生之；地出陰，爲清以成之。不暖不生，不清不成。然而計其多少之分，則暖暑居百而清寒居一。德教其與刑罰猶此也，故聖人多其愛而少其嚴，厚其德而簡其刑，以此配天。天之大數必有十旬。旬，天地之數，十而畢舉；旬，生長之功，十而畢成。天之氣徐，乍寒乍暑。故寒不凍，暑不喝，② 以其有餘徐來，不暴卒也。《易》曰“履霜堅冰”，蓋言遜也。然則上堅不逾等，果是天之所爲，弗作而成也。人之所爲，亦當勿作而極也。凡有興者，稍稍上之以遜順往，使人心説而安之，無使人心恐一作怨。而不使。故曰：君子以人治人，懂能愿。此之謂也。聖人之道，同諸天地，蕩諸四海，變習易俗。

闕文第五十四

---

① “此”，原作“而”，據蘇本改。
② “喝”，原作“渴”，據盧本改。

卷十三①

四時之副第五十五

天之道，春暖以生，夏暑以養，秋涼以殺，冬寒以藏。暖暑清寒，異氣而同功，皆天之所以成歲也。聖人副天之所行以爲政，故以慶副暖而當春，以賞副暑而當夏，以罰副涼而當秋，以刑副寒而當冬。慶賞罰刑，異事而同功，皆王者之所以成德也。慶賞罰刑與春夏秋冬，以類相應也如合符。故曰王者配天，謂其道。天有四時，王有四政。四政若四時，通類也，天人所同有也。慶爲春，賞爲夏，罰爲秋，刑爲冬。慶賞罰刑之不可不具也，如春夏秋冬不可不備也；慶賞罰刑當其處不可不發，若暖暑清寒當其時不可不出也；慶賞罰刑各有正處，如春夏秋冬各有時也。四政者不可以相干也，猶四時不可相干也；四政者不可以易處也，猶四時不可易處也。

---

① 《四時之副第五十五》《人副天數第五十六》中自"天德施"至"陽天氣也陰地"，宋嘉定本原缺，系後世手抄配補。

故慶賞罰刑有不行於其正處者，《春秋》譏也。

人副天數第五十六

　　天德施，地德化，人德義。天氣上，地氣下，人氣在其間。春生夏長，百物以興；秋殺冬收，百物以藏。故莫精於氣，莫富於地，莫神於天。天地之精所以生物者，莫貴於人。人受命乎天也，故超然有以倚。物疢疾莫能爲仁義，唯人獨能爲仁義；物疢疾莫能偶天地，唯人獨能偶天地。人有三百六十節，偶天之數也；形體骨肉，偶地之厚也。上有耳目聰明，日月之象也；體有空竅理脈，川谷之象也；心有哀樂喜怒，神氣之類也。觀人之體一，何高物之甚而類於天也。物旁折取天之陰陽以生活耳，而人乃爛然有其文理，是故凡物之形，莫不伏從旁折天地而行，人獨題直立端尚，① 正正當之。是故所取天地少者旁折之，所取天地多者正當之，此見人之絕於物而參天地。是故人之身，首妟音分。而員象天容也；② 髪象星辰也。耳目戾戾象日月也，鼻口呼吸象風氣也，胸中達知象神明也，腹胞實虛象百物也。百物者最近地，故要以下，地也。天地之象，以要爲帶。頸以上者，精神尊嚴，

① “獨”，原作“猶”，據盧本改。
② “而”，原脫，據盧本補。

明天類之狀也；頸而下者，豐厚卑辱，土壤之比也。足布而方，地形之象也。是故禮，帶置紳必直其頸，以別心也。帶而上者盡爲陽，帶而下者盡爲陰，各其分。陽，天氣也；陰，地氣也。故陰陽之動，使人足病，喉痹起，則地氣上爲雲雨，而象亦應之也。天地之符，陰陽之副，常設於身。身猶天也，數與之相參，故命與之相連也。天以終歲之數成人之身，故小節三百六十六，副日數也；大節十二分，副月數也；內有五藏，副五行數也，外有四肢，副四時數也；乍視乍瞑，副晝夜也；乍剛乍柔，副冬夏也；乍哀乍樂，副陰陽也；心有計慮，副度數也；行有倫理，副天地也。此皆暗膚著身，與人俱生，比而偶之弇合。于其可數也副數，不可數者副類，皆當同而副天，一也。是故陳其有形以著其無形者，拘其可數以著其不可數者。① 以此言道之亦宜以類相應，猶其形也，以數相中也。

同類相動第五十七

今平地注水，去燥就濕；均薪施火，去濕就燥。百物其去所與異，而從其所與同，故氣同則會，聲比則應，其驗皦然也。試調琴瑟而錯之，鼓其宮則他宮應之，鼓其商而他商

---

① “以著其不可數”，原脱，據盧本補。

應之，五音比而自鳴，非有神，其數然也。美事召美類，惡事召惡類，類之相應而起也，如馬鳴則馬應之。帝王之將興也，其美祥亦先見；其將亡也，妖孽亦先見。物故以類相召也，故以龍致雨，以扇逐暑，軍之所處以棘楚。美惡皆有從來，以爲命，莫知其處所。天將陰雨，人之病故爲之先動，是陰相應而起也。天將欲陰雨，又使人欲睡臥者，陰氣也。有憂亦使人臥者，是陰相求也；① 有喜者使人不欲臥者，是陽相索也。水得夜益長數分，東風而酒湛溢，病者至夜而疾益甚，雞至幾明皆鳴而相薄。其氣益精，故陽益陽而陰益陰，陽陰之氣，固可以類相益損也。

天有陰陽，人亦有陰陽。天地之陰氣起，而人之陰氣應之而起，人第之陰氣起，而天之陰氣亦宜應之而起，其道一也。明於此者，欲致雨則動陰以起陰，欲止雨則動陽以起陽。故致雨非神也，而疑於神者，其理微妙也。非獨陰陽之氣可以類進退也，雖不祥禍福所從生，亦由是也。無非已先起之，而物以類應之而動者也。故聰明聖神，內視反聽，言爲明聖，內視反聽，故獨明聖者知其本心皆在此耳。故琴瑟報彈其宮，他宮自鳴而應之，此物之以類動者也。其動以聲而無形，人不見其動之形，則謂之自鳴也。又相動無形，則謂之自然，其實非自然也，有使之然者矣。物固有實使之，其使之無形。

----

① "陰"下，原衍"陽"字，據盧本刪。

《尚書傳》言："周將興之時，有大赤鳥銜穀之種而集王屋之上者。武王喜，諸大夫皆喜。周公曰：'茂哉！茂哉！天之見此以勸之也。'"恐恃之。

五行相勝第五十八

木者，司農也。司農爲奸，朋黨比周，以蔽主明，退匿賢士，絶滅公卿，教民奢侈，賓客交通，不勸田事，博戲鬥雞，走狗弄馬，長幼無禮，大小相虜，並爲寇賊，橫恣絶理。司徒誅之，齊桓是也。行霸任兵，侵蔡，蔡潰，遂伐楚，楚人降伏，以安中國。木者，君之官也。夫木者農也。農者民也，不順如叛，則命司徒誅其率正矣。故曰金勝木。

火者，司馬也。司馬爲讒，反言易辭以譖訴人，内離骨肉之親，外疏忠臣，賢聖旋亡，讒邪日昌，魯上大夫季孫是也。專權擅勢，薄國威德，反以怠惡，譖訴其群臣，劫惑其君。孔子爲魯司寇，據義行法，季孫自消，墮費、邱城，兵甲有差。夫火者，大朝，有讒邪熒惑其君，執法誅之。執法者水也，故曰水勝火。

土者，君之官也，其相司營。司營爲神，主所爲皆曰可，主所言皆曰善，諂順主指，聽從爲比。進主所善，以快主意，導主以邪，陷主不義。大爲宮室，多爲臺榭，雕文刻鏤，五色成光。賦斂無度，以奪民財；多發繇役，以奪民時；作事無極，以奪民力。百姓愁苦，叛去其國，楚靈王是也。作乾溪之臺，三年不成，百姓罷弊而叛，及其身弒。夫土者，君之官也。君大奢侈，過度失禮，① 民叛矣。其民叛，其君窮矣。故曰木勝土。

金者，司徒也。司徒爲賊，內得於君，外驕軍士，② 專權擅勢，誅殺無罪，侵伐暴虐，攻戰妄取，令不行，禁不止，將率不親，士卒不使，兵弱地削，令君有恥，則司馬誅之，楚殺其司徒得臣是也。得臣數戰破敵，內得於君，驕蹇不恤其下，卒不爲使，當敵而弱，以危楚國，司馬誅之。金者，司徒。司徒弱，不能使士衆，則司馬誅之。故曰火勝金。

水者，司寇也。司寇爲亂，足恭小謹，巧言令色，聽謁受賂，阿黨不平，慢令急誅，誅殺無罪，則司營誅之，營蕩是也。爲齊司寇，太公封於齊，問焉以治國之要，營蕩對曰："任仁義而已。"太公曰："任仁義奈何？"營蕩對曰："仁者愛人，義者尊老。"太公曰："愛人尊老奈何？"③ 營蕩對曰："愛人者，有子不食其力；尊老者，妻長而夫拜之。"太公曰："寡人欲以仁義治齊，今子以仁義亂齊，寡人立而誅之，以定齊國。"夫水者，執法司寇也。執法附黨不平，依法刑

---

① "度"，原作"土"，據盧本改。
② "士"，原作"土"，據盧本改。
③ 此句下原衍"營蕩對曰仁者愛人義者尊老太公曰愛人尊老奈何"21字，據盧本刪。

人，則司營誅之。故曰土勝水。

五行相生第五十九

天地之氣，合而爲一，分爲陰陽，判爲四時，列爲五行。行者①，行也，其行不同，故謂之五行。五行者，五官也，比相生而間相勝也。故謂治，逆之則亂，順之則治。②

東方者木，農之本。司農尚仁，進經術之士，道之以帝王之路，將順其美，匡救其惡。執規而生，至溫潤下，知地形肥饒美惡，立事生則，因地之宜，召公是也。親入南畝之中，觀民墾草發淄，耕種五穀，積蓄有餘，家給人足，倉庫充實。司馬食穀。司馬，本朝也，本朝者，火也。故曰木生火。

南方者火也，本朝。司馬尚智，③進賢聖之士，上知天文，其形兆未見，其萌芽未生，昭然獨見存亡之機，得失之要，治亂之源，豫禁未然之前，執矩而長，至忠厚仁，輔翼其君，周公是也。成王幼弱，周公相，誅管叔、蔡叔以定天下，天下既寧以安君。官者司營，司營者，土也。故曰火生土。

中央者土，君官也。司營尚信，卑身賤體，宿興夜寐，稱述往古，以屬主意。明見成敗，微諫納善，防滅其惡，絕

---

① “行”，原脱，據盧本補。
② “治”，原作“法”，據盧本改。
③ “智”，原脱，據盧本補。

原塞隟，執繩而制四方，至忠厚信，以事其君，據義割恩，太公是也。應天因時之化，威武強禦以成。大理者，司徒也。司徒者，金也。故曰土生金。

西方者金，大理司徒也。司徒尚義，臣死君而衆人死父。親有尊卑，位有上下，各死其事，事不逾矩，執權而伐。兵不苟克，取不苟得，義而後行，至廉而威，質直剛毅，子胥疑是胥字。是也。伐有罪，討不義，是以百姓附親，邊境安寧，寇賊不發，邑無獄訟，則親安。執法者，司寇也。司寇者，水也。故曰金生水。

北方者水，執法司寇也。司寇尚禮，君臣有位，長幼有序，朝廷有爵，鄉黨以齒，升降揖讓，般伏拜謁，折旋中矩，立則罄折，拱則抱鼓，① 執衡而藏，至清廉平，賂遺不受，請謁不聽，據法聽訟，無有所阿，孔子是也。爲魯司寇，斷獄屯屯，與衆共之，不敢自專。是死者不恨，生者不怨，百工維時，以成器械。既成，以給司農。司農者，田官也，田官者木，故曰水生木。

五行逆順第六十

木者春，生之性，農之本也。勸農事，無奪民時，使民

① “抱”,原作“枸”,據盧本改。

歲不過三日,① 行什一之税，進經術之士。挺群禁,② 出輕
繫，去稽留，除桎梏，開閉閨，通障塞。恩及草木則樹木華
美而朱草生，恩及鱗蟲則魚大爲，鱣鯨不見，群龍下。如人
君出入不時，走狗試馬，馳騁不反宮室，好媱樂，飲酒沈湎，
縱恣，不顧政治，事多發役，以奪民時，作謀增税，以奪民
財。民病疥搔，温體，足胕去聲。痛。咎及於木，則茂木枯
槁，工匠之輪多傷敗。毒水潺群，漉陂如魚，咎及鱗蟲，則
魚不爲群，龍深藏，鯨出見。

火者夏，成長，本朝也。舉賢良，進茂才，官得其能，
任得其力，賞有功，封有德，出貨財，振困乏，正封疆，使
四方。恩及於火,③ 則火順人而甘露降。恩及羽蟲，則飛鳥
大爲，黄鵠出見，鳳凰翔。如人君惑於讒邪，内離骨肉，外
疏忠臣，至殺世子，誅殺不辜，逐忠臣，以妾爲妻，棄法令，
婦妾爲政。賜予不當，則民病血壅腫，目不明。咎及於火，
則大旱，必有火災。摘巢探轂，咎及羽蟲，則蜚鳥不爲，冬
應不來，梟鴟群鳴，鳳凰高翔。

土者夏中,④ 成熟百種，君之官。循宮室之制，謹夫婦之
别，加親戚之恩。恩及土，則五穀成而嘉禾興。恩及裸蟲，則

---

① “民”，原脱，據盧本補。
② “挺”，原作“誕”，據蘇本改。
③ “火”，原作“人”，據盧本改。
④ “夏中”，原誤倒，據盧本乙正。

百姓親附，城郭充盛，賢聖皆遷，仙人降。如人君好淫佚，妻妾過度，犯親戚，侮父兄，欺罔百姓，大爲臺榭，五色成光，雕文刻鏤，則民病心腹宛黃，舌爛痛。咎及於土，則五穀不成，暴虐妄誅，咎及裸蟲，裸蟲不爲，百姓叛去，賢聖放亡。

金者秋，殺氣之始也。建立旗鼓，杖把旄鉞，以誅賊殘，禁暴虐，安集。故動衆興師，必應義理，出則祠兵，入則振旅，以閒習之，因於搜狩，① 存不忘亡，安不忘危。修城郭，繕牆垣，審群禁，飾兵甲，警百官，誅不法。恩及於金石，則涼風出。恩及於毛蟲，則走獸大爲，麒麟至。如人君好戰，侵陵諸侯，貪城邑之賂，輕百姓之命，則民病喉咳嗽，② 筋攣，鼻鼽塞。③ 咎及於金，則鑄化凝滯，凍堅不成。四面張罔，焚林而獵，咎及毛蟲，則走獸不爲，白虎妄搏，麒麟遠去。

水者冬，藏至陰也。宗廟祭祀之始，敬四時之祭，禘祫昭穆之序。天子祭天，諸侯祭土。閉門閭，大搜索，斷刑罰，執當罪，飭關梁，禁外徙。恩及於水，則醴泉出。恩及介蟲，則黿鼉大爲，靈龜出。如人君簡宗廟，不禱祀，廢祭祀，執法不順，逆天時，則民病流腫，④ 水張，痿痹，孔竅不通。

---

① "搜"，原作"彼"，據盧本改。
② "嗽"，原作"漱"，據盧本改。
③ "鼽"，原作"仇"，據盧本改。
④ "民"，原脫，據盧本補。

咎及於水，霧氣冥冥，必有大水，水爲民害。咎及介蟲，則龜深藏，黿鼉呴。①

治水五行第六十一

日冬至，七十二日木用事，其氣燥濁而青。② 七十二日火用事，其氣慘陽而赤。七十二日土用事，其氣濕濁而黃。七十二日金用事，其氣慘淡而白。七十二日水用事，其氣清寒而黑。七十二日復得木，木用事，則行柔惠，挺群禁。③ 至于立春，出輕繫，去稽留，除桎梏，開閉闔，通障塞，存幼孤，矜寡獨，無伐木。火用事，則正封疆，循田疇。至于立夏，舉賢良，封有德，賞有功，出使四方，無縱火。土用事，則養長老，存幼孤，矜寡獨，賜孝悌，施恩澤，無興土功。金用事，則修城郭，④ 繕牆垣，審群禁，飾甲兵，警百官，誅不法，存長老，無焚金石。水用事，則閉門閭，大搜索，斷刑罰，執當罪，飾梁關，禁外徙，無決池堤。

---

① "黿"上，原衍"鬼"字，據盧本刪
② "青"，原作"清"，據盧本改。
③ "挺"，原作"誕"，據盧本改。
④ "修"，原作"循"，據盧本改。

卷十四

治亂五行第六十二

火干木，蟄蟲蚤出，蚿雷蚤行。土干木，胎夭卵鷇，鳥蟲多傷。金干木，有兵。水干木，春下霜。土干火，則多雷。金干火，草木夷。水干火，夏雹。木干火，則地動。金干木，則五穀傷，有殃。水干土，夏寒雨霜。木干土，裸蟲不爲。火干土，則大旱。水干金，則魚不爲。木干金，則草木再生。火干金，則草木秋榮。土干金，五穀不成。木干水，冬蟄不藏。土干水，則蟄蟲冬出。火干水，則星墜。金干水，則冬大寒。

五行變救第六十三

五行變至，當救之以德，施之天下，則咎除。不救以德，不出三年，天當雨石。木有變，春凋秋榮。秋一無秋字。木冰，春多雨。此繇役衆，賦斂重，百姓貧窮叛去，道多飢人。救之者省繇役,① 薄賦斂,出倉穀,賑困窮矣。火有變,冬溫夏寒。此王者不明,善者不賞,惡者不絀,不肖在位,賢者伏匿,則寒暑失序,而民疾疫。救之者舉賢良,賞有功,封有德。土有變,大風至,五穀傷,此不信仁賢。② 不敬父兄,淫泆無度,宮室榮。救之者省宮室,去雕文,舉孝悌,恤黎元。金有變,畢昴爲回,三覆有武,多兵,多盜寇。此棄義貪財,輕民命,重貨賂,百姓趣利,多奸軌。救之者舉廉潔,立正直,隱武行文,束甲械。水有變,冬濕多霧,春夏雨雹,此法令緩,③ 刑罰不行。救之者憂囹圄,案奸宄,誅有罪,蔓五日。

五行五事第六十四

王者與臣無禮,兒不肅敬,則木不曲直,而夏多暴風。風者,木之氣也,其音角也,故應之以暴風。王者言不從,則金不從革,而秋多霹靂。霹靂者,金氣也,其音商也,故應之以霹靂。王者視不明,則火不炎上,而秋多電。電者,火氣也,其音徵也,故應之以電。王者聽不聰,則水不潤下,而春夏多暴雨。雨者,水氣也,其音羽也,故應以暴雨。王者心不能容,則稼穡不成,而秋多雷。雷者,土之氣也,其

---

① "之",原脫,據盧本補。
② "仁賢",原作"也",據盧本改。
③ "緩",原作"煖",據盧本改。

音宮也，故應之以雷。五事：一曰貌，二曰言，三曰視，四曰聽，五曰思。何謂也？夫五事者，人之所受命於天也，而王者所修而治民也。故王者爲民，治則不可以不明，準繩不可以不正。王者貌曰恭，恭者敬也。言曰從，從者可從。視者明，明者知賢不肖者，分明白黑也。聽曰聰，聰者能聞事而審其意也。思曰容，容者言無不容。恭作肅，從作义，明作哲，聰作謀，容作聖。何謂也？恭作肅，言王者誠能内有恭敬之姿，^① 而天下莫不肅矣。從作义，言王者言可從，明正從行而天下治矣。明作哲，哲者知也，王者明則賢者進，不肖者退，天下知善而勸之，知惡而恥之矣。聰作謀，謀者謀事也，王者聰則聞事與臣下謀之，故事無失謀矣。容作聖，聖者設也，王者心寬大無不容，則聖能施設，事各得其宜也。

王者能敬則肅，肅則春氣得，^② 肅者主春。春陽氣微，萬物柔易，移弱可化，於時陰氣爲賊，故王者欽。欽不以議陰事，然後萬物遂生，而木可曲直也。春行秋政則草木雕；行冬政則雪，行夏政則殺，春失政則。有闕文。

王者能治則義立，義立則秋氣得，故义者主秋。^③ 秋氣始殺，王者行小刑罰，民不犯則禮義成。於時陽氣爲賊，故

---

① “者”，原脫，據盧本補。
② “王者能敬則肅，肅則春氣得”，原作“王者能敬則春氣得故肅”，據盧本改。
③ “义”，原作“義”，據盧本改。

王者輔以官牧之事，然後萬物成熟。秋草木不榮華，金從革也。秋行春政則華，行夏政則喬，行冬政則落。秋失政則春天風不解，雷不發。

王者能知則知善惡，知善惡則夏氣得，故哲者主夏。夏陽氣始盛，萬物兆長，王者不撝明，則道不退塞。而夏至之後，大暑隆，萬物茂育懷任，王者恐明不知賢不肖，分明白黑。於時寒爲賊，故王者輔以賞賜之事，然後夏草木不霜，火炎上也。夏行春政則風，行秋政則水，行冬政則落。夏失政則冬不凍冰，五穀不藏，大寒不解。

王者無失謀，然後冬氣得，故謀者主冬。冬陰氣始盛，草木必死，王者能聞事，審謀慮之，則不侵伐。不侵伐且殺，則死者不恨，生者不怨。冬日至之後，大寒降，① 萬物藏於下。於時暑爲賊，故王者輔之以急斷之以事，水潤下也。冬行春政則蒸，行夏政則雷，行秋政則旱。冬失政則夏草木不實，霜，五穀疾枯。

郊語第六十五

人之言：醞去烟，鴟羽去眯，慈石取鐵，頸一作真。金取火，蠶珥絲於室，而弦絶於堂，禾實於野，而粟缺於倉，蕪

---

① "降"，原作"隆"，據盧本改。

夷生於燕，橘枳死於荊。此十物者，皆奇而可怪，非人所意
也。夫非人所意而然，既已有之矣，或者吉凶禍福、利不利
之所從生，無有奇怪，非人所意，如是者乎？此等可畏也。
孔子曰："君子有三畏：畏天命，畏大人，畏聖人之言。"彼
豈無傷害於人，如孔子徒畏之哉！以此見天之不可不畏敬，
猶主上之不可不謹事。不謹事主，其禍來至顯；不畏敬天，
其殃來至闇。闇者不見其端，若自然也。故曰：堂堂如天，
殃言不必立校，默而無聲，潛而無形也。由是觀之，天殃與
上罰所以別者，闇與顯耳。不然，其來逮人，殆無以異。孔
子同之，俱言可畏也。天地神明之心，與人事成敗之真，固
莫之能見也，唯聖人能見之。聖人者，見人之所不見者也，
故聖人之言亦可畏也。奈何而廢郊禮？郊禮者，人所最甚重
也。廢聖人所最甚重，而吉凶利害在於冥冥不可得見之中，
雖已多受其病，何從知之？故曰：問聖人者，問其所為而無
問其所以為也。問其所以為，終弗能見，不如勿問。問為而
為之，所不為而勿為，是與聖人同實也，何過之有！《詩》
云："不騫不忘，率由舊章。"舊章者，先聖人之故文章也。
率由，各有修從之也。此言先聖人之故文章者，雖不能深見
而詳知其則，猶不知其美譽之功矣。今郊事天之義，此聖人
故。云云。

卷十五

郊義第六十六

郊義：《春秋》之法，王者歲一祭天於郊，四祭於宗廟。宗廟因於四時之易，郊因於新歲之初。聖人有以起之，其以祭不可不親也。天者，百神之君也，王者之所最尊也。以最尊天之故，故易始歲更紀，即以其初郊。郊必以正月上辛者，言以所最尊，首一歲之事，每更紀者以郊，郊祭首之，先貴之義，尊天之道也。

郊祭第六十七

《春秋》之義，國有大喪者，止宗廟之祭而不止郊祭，不敢以父母之喪廢事天地之禮也。父母之喪，至哀痛悲苦也，尚不敢廢郊也，孰足以廢郊者？故其在禮，亦曰“喪者不祭，唯祭天為越喪而行事”。夫古之畏敬天而重天郊如此甚也，今群臣學士不探察，曰：“萬民多貧，或頗飢寒，足郊乎？”是何言之誤！天子父母事天，而子孫畜萬民。民未遍飽，①無用祭天者，是猶子孫未得食，無用食父母也。言莫逆於是，是其去禮遠也。先貴而後賤，孰貴於天子？天子，號天之子也。奈何受爲天子之號而無天子之禮？天子不可不祭天也，無異人之不可以不食父。故古之聖王，文章之最重者也。前世王莫不從重，栗精奉之，以事上天。至於秦而獨闕然廢之，②一何不率由舊章之大甚也！天者，百神之大君也。事天不備，雖百神猶無益也。何以言其然也？祭而地疑是他字。神者，《春秋》譏之。孔子曰："獲罪於天，無所禱也。"是其法也。故未見秦國致天福如周國也。《詩》曰："唯此文王，小心翼翼。昭事上帝，允懷多福。"多福者，非謂人也，事功也，謂天之所福也。傳曰："周國子多賢，蕃殖至于駢孕男者四，四產而得八男，皆君子俊雄也。"今此天之所以興周國也，非周國之所能爲也。今秦與周俱得爲天子，而所以事天者異於周。以郊爲百神始，始入歲首，必以正月上辛日先享天，乃敢于地，先貴之義也。夫歲先之與歲弗行也，相去遠矣。天下福若無可怪者，然所以久弗行者，非灼灼見其當而故弗行也，典禮之官常嫌疑，莫能昭昭明其當也。今切以爲其當與不當，可内反於心而定也。堯謂舜曰："天之歷數在

---

① "飽"，原作"鮑"，據盧本改。
② "闕"，原作"關"，據盧本改。

爾躬。”言察身以知天也。今身有子，孰不欲其有子禮也？聖人正名，名不虛生。天子者，則天之子也。以身度天，獨何爲不欲其子之有子禮也？今爲其天子，而闕然無祭於天，天何必善之？所聞曰：天下和平則災害不生。今災害生，見天下未和平也。天下所未和平者，天子之教化不行也。《詩》曰：“有覺德行，四國順之。”覺者，著也。王者有明著之德行於世，則四方莫不響應，風化善於彼矣。故曰：悅有慶賞，嚴於刑罰，疾於法令。

四祭第六十八

古者歲四祭。四祭者，因四時之所生熟，而祭其先祖父母也。故春曰祠，夏曰礿，秋曰嘗，冬曰蒸。此言不失其時，以奉祭先祖也。過時不祭，則失爲人子之道也。[①] 祠者，以正月始食韭也；礿者，以四月食麥也；嘗者，以七月嘗黍稷也；蒸者，以十月進初稻也。此天之經也，地之義也。孝子孝婦，緣天之時，因地之利。已受命而王，必先祭天，乃行王事，文王之伐崇是也。《詩》曰：“濟濟辟王，左右奉璋。奉璋峨峨，髦士攸宜。”此文王之郊也。其下之辭曰：“淠彼涇舟，烝徒楫之。周王于邁，六師及之。”此文王之伐崇也。

---

① “人”，原作“天”，據盧本改。

上言奉璋，下言伐崇，以是見文王之先郊而後伐也。文王受命則郊，郊乃伐崇。崇國之民方困於暴亂之君，未得被聖人德澤，而文王已郊矣。安在德澤未洽者不可以郊乎？

郊祀第六十九

為人子而不事父者，天下莫能以為可。今為天之子而不事天，① 何以異是？是故天子每至歲首，必先郊祭以享天乃敢為地，行子禮也。每將興師，必先郊祭以告天乃敢征伐，行子道也。文王受天命而王天下，先郊乃敢行事而興師伐崇。其《詩》曰：“芃芃棫樸，薪之槱之。濟濟辟王，左右趨之。濟濟辟王，左右奉璋。奉璋峨峨，髦士攸宜。”此郊辭也。其下曰：“淠彼涇舟，烝徒楫之。周王于邁，六師及之。”此伐辭也。其下曰：“文王受命，有此武功。既伐于崇，作邑于豐。”以此辭者，見文王受命則郊，郊乃伐崇，伐崇之時，民何處央—作殃。乎？

周宣王時，天下旱，歲惡甚，王憂之。其《詩》曰：“倬彼雲漢，昭回於天。王曰嗚呼，何辜今之人！天降喪亂，飢饉洊臻。靡神不舉，靡愛斯牲，珪璧既卒，寧莫我聽。旱既太甚，蘊隆蟲蟲。不殄禋祀，自郊徂宮。上下奠瘞，靡神

① “之”，原作“為”，據盧本改。

不宗。后稷不克，上帝不臨。耗斁下土，寧丁我躬。"宣王自以爲不能乎后稷，不中乎上帝，故有此災。有此災，愈恐懼而謹事天。天若不予是家，是家者安得立爲天子？立爲天子者，天予是家。天予是家者，天使是家。天使是家者，是家天之所予也，天之所使也。天已予之，天已使之，其間不可以接天何哉？故《春秋》凡譏郊，① 未嘗譏君德不成以郊也。及不郊而祭山川，失祭之叙，② 逆於禮，故必譏之。以此觀之，不祭天者，乃不可祭小神也。郊因先卜，不吉不敢郊。百神之祭不卜而郊獨卜，郊祭最大也。《春秋》譏喪祭不譏喪郊，郊不辟喪，喪尚不辟，況它物？郊祝曰："皇皇上天，照臨下土。集地之靈，降甘風雨。庶物群生。"言而已矣。夫不自爲言，而爲庶物群生言，以人心庶天無尤焉。天無尤焉，而辭恭順，宜可喜也。右郊祀九句。九句者，陽數也。

順命第七十

父者，子之天也；天者，父之天也。無天而生，未之有也。天者，萬物之祖。萬物非天不生，獨陰不生，獨陽不生，陰陽與天地參然後生。故曰：父之子也可尊，母之子也可卑。

---

① "譏"，原作"議"，據盧本改。
② "叙"，原作"厚"，據盧本改。

尊者取尊號，卑者取卑號。故德侔天地者，皇天右而子之，
號稱天子。其次有五等之爵以尊之，皆以國邑爲號。其無德
於天地之間者，州國人民，甚者不得繫國邑。皆絕骨肉之屬，
離人倫，謂之閽盜而已。無名姓號氏於天地之間，至賤乎賤
者也。其尊至德，巍巍乎不可以加矣；其卑至賤，冥冥其無
下矣。

《春秋》列序位卑尊之陳，累累乎可得而觀也。雖闇且
愚，莫不昭然。地之菜茹瓜果，藝之稻麥黍稷，菜生穀熟，
永思吉日，供具祭物，齋戒沐浴，潔清致敬，祀其先祖父母。
孝子孝婦不使時過已，處之以愛敬，行之以恭讓，亦殆免於
罪矣。公子慶父罪亦不當繫於國，以親之故爲之諱，而謂之
齊仲孫，① 去其公子之親也。故有大罪，不奉其天命者，皆
棄其天倫。人於天也，以道受命；其於人，以言受命。不若
於道者天絕之，不若於言者人絕之。臣子大受命於君，辭而
出疆，唯有社稷國家之危，猶得發辭而專安之，盟是也。天
子受命於天，諸侯受命於天子，子受命於父，臣妾受命於君，
妻受命於夫。諸所受命者，其尊皆天也，雖謂受命於天亦
可，② 天子不能奉天之命，③ 則廢而稱公，王者之後是也；公
侯不能奉天子之命，則名絕而不得就位，衛侯朔是也；子不

---

① "而謂之齊仲孫"，原作"而諸母之國齊之仲孫"，據盧本改。
② "天亦可"下，原衍"不天亦可"四字，據盧本刪。
③ "奉""之"，原脫，據盧本補。

奉父命，則有伯討之罪，衛世子蒯聵是也；臣不奉君命，雖善以叛，言晉趙鞅入于晉陽以叛是也；妾不奉君之命，則媵女先至者是也；妻不奉夫之命，則絕夫不言及是也。曰：不奉順於天者，其罪如此。

子曰："畏天命，畏大人，畏聖人之言。"其祭社稷宗廟山川鬼神，不以其道，無災無害。至于祭天不享，其卜不從，使其牛口傷，鼷鼠食其角，或言食牛，或言食而死，或食而生，或不食而自死，或改卜而牛死，或卜而食其角，過有深淺薄厚而災有簡甚，不可不察也。猶郊之變，因其災而之變，應而無為也。見百事之變之所不知而自然者，勝言與？以此見其可畏。專誅絕者其唯天乎？臣殺君，子殺父，三十有餘，諸其賤者則損。以此觀之，可畏者其唯天命、大人乎！亡國五十有餘，皆不事者也，況不畏大人。大人專誅之，[①] 君之滅者，何日之有哉？魯宣違聖人之言，變古易常，而災立至。聖人之言可不慎？此三畏者，異指而同致，故聖人同之，俱言其可畏也。

郊事對第七十一

廷尉臣湯昧死言曰："臣湯承制，以郊事問故膠西相仲

---

① "大人"，原脱，據盧本補。

舒。”臣仲舒對曰：“所聞古者天子之禮，莫重於郊。郊常以正月上辛者，所以先百神而最居前。禮，三年喪不祭其先而不敢廢郊。郊重於宗廟，天尊於人也。《王制》曰：‘祭天地之牛繭栗，宗廟之牛握，賓客之牛尺。’此言德滋美而牲滋微也。《春秋》曰：‘魯祭周公用白牲。’色白貴純也。帝牲在滌三月，牲貴肥潔而不貪其大也。凡養牲之道，務在肥潔而已。駒犢未能勝芻豢之食，莫如令食其母便。”① 臣湯謹問仲舒②：“魯祀周公用白牲，非禮。”臣仲舒對曰：“禮也。”臣湯問曰：“周天子用騂剛，群公不毛。周公，諸公也，何以得用純牲？”③ 臣仲舒對曰：“武王崩，成王幼而在襁褓之中，周公繼文武之業，成二聖之功，德漸天地，澤被四海，故成王賢而貴之。《詩》云：‘無德不報。’故成王使祭周公以白牲，上不得與天子同色，下有異於諸侯。臣仲舒愚以爲報德之禮。”④ 臣湯問仲舒：“天子祭天，諸侯祭土，魯何緣以祭郊？”臣仲舒對曰：“周公傅成王，成王遂及聖，功莫大於此。周公，聖人也，有祭於天道，⑤ 故成王令魯郊也。”臣湯問仲舒：“魯祭周公用白牲，其郊何用？”臣仲舒對曰：“魯

---

① “食”，原脱，據盧本補。
② “湯”，原脱，據盧本補。
③ “用”，原作“周”，據盧本改。
④ “臣”，原脱，據盧本補。
⑤ “於天道”，原脱，據盧本補。

郊用純駵剛。周色上赤，魯以天子命郊，故以駵。"臣湯問仲舒："祠宗廟或以鶩當鳧，鶩非鳧，可用否?"仲舒對曰："鶩非鳧，鳧非鶩也。臣聞孔子入太廟每事問，慎之至也。陛下祭躬親，^① 齋戒沐浴，以承宗廟，甚謹敬，奈何以鳧當鶩，鶩當鳧? 名實不相應，以承太廟，不亦不稱乎? 臣仲舒愚以爲不可。臣犬馬齒衰，賜骸骨，伏陋巷，陛下乃幸使九卿問以朝廷之事，臣愚陋，曾不足以承明詔，奉大對。臣仲舒昧死以聞。"

---

① "祭"，原作"察"，據盧本改。

卷十六

執贄第七十二

凡執贄：天子用暢，公侯用玉，卿用羔，大夫用雁。雁乃有類於長者，長者在民上，必施然有先後之隨，必淑然有行列之治，故大夫以爲贄。羔有角而不任，^①設備而不用，類好仁者；執之不鳴，殺之不諦，類死義者；羔食於其母，必跪而受之，類知禮者。故羊之爲言猶祥與？故卿以爲贄。玉有似君子。子曰："人而不曰如之何如之何者，^②吾末如之何也矣。"故匿病者不得良醫，羞問者聖人去之，以爲遠功而近有災，是則不有。玉至清而不蔽其惡，內有瑕穢，必見之於外，故君子不隱其短，不知則問，不能則學，取之玉也。君子比之玉，玉潤而不污，是仁而至清潔也；廉而不殺，是義而不害也；堅而不𥐨，過而不濡，視之如庸，展之如石，

---

① 此句上原衍"羔乃有其類天者天之道任陽不任陰王者之道任德不任刑順天也"27字，據盧本刪。
② "曰"，原作"仁"，據盧本改。

146

狀如石，搔而不可從繞，① 潔白如素而不受污，玉類備者，
故公侯以爲贄。暘有似於聖人者，純仁淳粹，而有知之貴也，
擇於身者盡爲德音，發於事者盡爲潤澤。積美陽芬香，以通
之天。暘亦取百香之心，獨末之，合之爲一而達其臭，氣暘
天子。其淳粹無擇，與聖人一也，故天子以爲贄，而各以事
上也。觀贄之意，可以見其事。

山川頌第七十三

山則巃嵸嵓嶵，摧嵬崒巍，② 久不崩弛，似夫仁人志士。
孔子曰：“山川神祇立，寶藏殖，器用資，曲直合，大者可以
爲宮室臺榭，小者可以爲舟輿浮瀆。大者無不中，小者無不
入，持斧則斫，折鐮則艾。生人立，禽獸伏，死人入，多其
功而不言，是以君子取譬也。”且積土成山，無損也；成其
高，無害也；成其大，無虧也。小其上，泰其下，久長安，
後世無有去就，儼然獨處，唯山之意。《詩》云：“節彼南
山，惟石巖巖。赫赫師尹，民具爾瞻。”此之謂也。水則源泉
混混沄沄，晝夜不竭，既似力者；盈科後行，既似持平者；
循微赴下，不遺小間，既似察者；循溪谷不迷，或奏萬里而

---

① “繞”，原作“燒”，據盧本改。
② “摧”，原作“榷”，據盧本改。

必至，既似知者；郭防山而能清淨，既似知命者；不清而入，潔清而出，既似善化者；① 赴千仞之壑，入而不疑，② 既似勇者；物皆因或是困。於火，而水獨勝之，既似武者；咸得之而生，③ 失之而死，既似有德者。孔子在川上曰："逝者如斯夫，不舍晝夜。"此之謂也。

求雨第七十四

春旱求雨：令縣邑以水日令民禱社，家祀戶。無伐名木，無斬山林。暴巫聚蛇，八日。於邑東門之外爲四通之壇，方八尺，植蒼繒八。其神共工，祭之以生魚八，玄酒，具清酒膊脯。擇巫之清潔辯言利辭者以祝。④ 祝齋三日，服蒼衣，先再拜，乃跪陳，陳已，復再拜，乃起，祝曰："昊天生五穀以養人，今五穀病旱，恐不成，敬進清酒膊脯，再拜請雨，雨幸大澍。"奉牲禱，以甲乙日爲大蒼龍一，長八丈，居中央。爲小龍七，各長四丈，於東方，皆東向，其間相去八尺。小童八人，皆齋三日，服青衣舞之。田嗇夫亦齋三日，服青衣而立之。諸里社通之於閭外溝，取五蝦蟆錯置社中。池方

---

① "似"，原脫，據盧本補。
② "入"，原作"石"，據盧本改。
③ "而"，原脫，據盧本補。
④ "祝"，原作"祝"，據盧本改。

八尺，深二尺，置水蝦蟆焉。具清酒脯脯，祝齋三日，服蒼衣，拜跪，陳祝如初。取三歲雄雞、三歲猳豬，①皆燔之於四通神宇。令闔邑里南門，置水其外。開北門，具老猳豬一，置之於里北門之外。市中亦置一猳豬。聞鼓聲，皆燒豬尾。取死人骨埋之，開山淵，積薪而燔之。決通道橋之壅塞不行者，決瀆之。幸而得雨，以豬一酒鹽黍財足，以茅爲席，毋斷。

夏求雨，令邑以水日，家人祀竈。無舉土功，更大浚井。暴釜於壇，臼杵于術，七日。爲四通之壇於邑南門外，方七尺，植赤繒七。其神蚩尤，祭之以赤雄雞七，玄酒，具清酒脯脯。祝齋三日，服赤衣，拜跪陳祝如春辭。以丙丁日爲大赤龍一，長七丈，居中央。又爲小龍六，長各三丈五尺，於南方，皆南鄉，其間相去七尺。壯者七人，皆齋三日，服赤衣而舞之。司空嗇夫亦齋三日，服赤衣而立之。鑿而通之閭外之溝。取五蝦蟆錯置里社之中，池方七尺，深一尺。酒脯，祝齋，衣赤衣，拜跪陳祝如初。取三歲雄雞猳豬，燔之四通神宇。開陰閉陽如春。

季夏禱山陵以助之，令縣邑壹徙市於邑南門之外。五日禁男子無得行入市。家人祠中霤。無興土功，聚巫市傍，爲之結蓋。爲四通之壇於中央，植黃繒五。其神后稷，祭之以母飯五，玄酒，具清酒脯脯。令各爲祝齋三日，②衣黃，皆

---

① "猳"，原脱，據盧本補。
② "各"，原作"名"，據盧本改。

如春祠。以戊己日爲大黄龍一，長五丈，居中央。又爲小龍四，各長二丈五尺，於南方，皆南鄉，其間相去五尺。丈夫五人，齋三日，服黄衣而舞之。老人五人亦齋三日，[①] 衣黄衣而立之。亦通社中於閭外溝，蝦蟆池方五尺，[②] 深一尺。他皆如前。[③]

秋暴巫尪至九日，[④] 無舉火事煎金器。家人祠門。爲四通之壇於邑西門之外，方九尺，[⑤] 植白繒九。其神少昊，[⑥] 祭之桐木魚九，玄酒，具清酒膊脯。衣白衣。他如春。以庚辛日爲大白龍一，長九丈，居中央。爲小龍八，各長四丈五尺，於西方，皆西向，其間相去九尺。鰥者九人，皆齋三日，服白衣而舞之。司馬亦齋三日，衣白衣而立之。蝦蟆池方九尺，深一尺。他皆如前。

冬儛龍六日，禱於名山以助之，家人祠井，無壅水。爲四通之壇於邑北門之外，方六尺，植黑繒六。其神玄冥，祭之以黑狗子六，玄酒，具清酒膊脯。祝齋三日，衣黑衣，祝

---

① "老人"，原脱，據盧本補。
② "蝦"上，原衍"取"字，據盧本删。
③ 此句下原衍"神農求雨第十九日戊己不雨命爲黄龍又爲大龍社者舞之李立之又曰東方小僮舞之南方牡者西方沾未詳人北方下疑少一字人舞之"48字，據盧本删。
④ "尪"，原脱，據盧本補。
⑤ "方"，原脱，據盧本補。
⑥ "少"，原作"太"，據盧本改。

禮如春。以壬癸日爲大黑龍一，長六丈，居中央。又爲小龍五，^① 各長三丈，於北方，皆北鄉，其間相去六尺。老者六人，皆齋三日，衣黑衣而舞之。尉亦齋三日，服黑衣而立之。蝦蟆池如春。

四時皆以水日，^② 爲龍，必取潔土爲之，結蓋，龍成而發之。四時皆以庚子之日，令吏民夫婦皆偶處。凡求雨之大體，丈夫欲藏匿，女子欲和而樂。^③

止雨第七十五

雨太多，令縣邑以土日塞水瀆，絕道，蓋井，禁婦人不得行入市。令縣鄉里皆掃社下。縣邑若丞、令吏、嗇夫三人以上，祝一人；鄉嗇夫若吏三人以上，祝一人；里正父老三人以上，祝一人。皆齋三日，各衣時衣。具豚一，黍鹽美酒財足，祭社。擊鼓三日，而祝。先再拜，乃跪陳，陳已，復再拜，乃起。祝曰："嗟！^④ 天生五穀以養人，今淫雨太多，五穀不和。敬進肥牲清酒，以請社靈，幸爲止雨，除民所苦，

---

① "又""五"，原脫，據盧本補。
② "日"，原脫，據盧本補。
③ 此句下原衍"神書又曰開袖山神淵積薪夜擊鼓噪而燔之爲其旱也"22字，據盧本删。
④ "嗟"，原作"諾"，據盧本改。

無使陰滅陽。陰滅陽，不順于天。天之常意，在於利人。人願止雨，敢告于社。"① 鼓而無歌，至罷乃止。凡止雨之大體，女子欲其藏而匿也，丈夫欲其和而樂也。開陽而閉陰，闔水而開火。以朱絲縈社十周。衣朱衣赤幘。言罷。

二十一年八月甲申，② 朔。丙午，江都相仲舒告内史中尉：陰雨太久，恐傷五穀，趣止雨。止雨之禮，廢陰起陽。書十七縣，八十離鄉，及都官吏千石以下，夫婦在官者，咸遣婦歸。③ 女子不得至市，市無諸一作詣。井，蓋之，勿令泄。鼓用牲于社。祝之曰："雨以太多，五穀不和，敬進肥牲，以請社靈，社靈幸爲止雨，除民所苦，無使陰滅陽。陰滅陽，不順于天。天意常在於利民，願止雨，敢告。"鼓用牲于社，皆壹以辛亥之日，書到即起，縣社令長，若丞尉官長，各城邑社嗇夫，里吏正里人皆出，至于社下，餔而罷。三日而止。未至三日，天暒亦止。④

祭義第七十六

五穀，食物之性也，天之所以爲賜人也。宗廟上四時之

所成，受賜而薦之宗廟，敬之性也，於祭之而宜矣。宗廟之祭，物之厚無上也。春上豆實，夏上尊實，秋上杌實，①冬上敦實。豆實，韭也，春之始所生也。尊實，醴一作醩。也，夏之所受初也。杌實，②黍也，秋之所先成也。敦實，稻也，冬之所畢熟也。始生故曰祠，善其司也；夏約故曰礿，貴所初礿也；先成故曰嘗，嘗言甘也；畢熟故曰蒸，蒸言衆也。奉四時所受於天者而上之，爲上祭，貴天賜，且尊宗廟也。孔子受君賜則以祭，況受天賜乎？一年之中，天賜四至，至則上之，此宗廟所以歲四祭也。故君子未嘗不食新，新天賜至，必先薦之，乃敢食之，尊天敬宗廟之心也。尊天，美義也；敬宗廟，大禮也，聖人之所謹也。不多而欲潔清，不貪數而欲恭敬。君子之祭也，恭親之，致其中心之誠，盡敬潔之道，以接至尊，故鬼享之。享之如此，乃可謂之能祭。

祭者，察也，以善逮鬼神之謂也。善乃逮不可聞見者，故謂之察。吾以名之所享，故祭之不虛，安所可察哉！祭之爲言際也與？察也祭，然後能見不見。見不見之見者，然後知天命鬼神。知天命鬼神，然後明祭之意。明祭之意，乃知重祭事。孔子曰："吾不與祭如不祭，③祭神如神在。"重祭事，如事生。故聖人於鬼神也，畏之而不敢欺也，信之而不

① "杌"，原作"机"，據盧本改。
② "杌"，原作"机"，據盧本改。
③ "如不祭"，原脫，據盧本補。

獨任，事之而不專恃。恃其公，報有德也；幸其不私，與人福也。其見於《詩》曰："嗟爾君子，毋恒安息。靜共爾位，好是正直。神之聽之，介爾景福。"正直者得福也，不正者不得福，此其法也。以《詩》爲天下法矣，何謂不法哉？其辭直而重，有再嘆之，欲人省其意也。而人尚不省，何其忘哉！孔子曰："書之重，辭之複。嗚呼！不可不察也。其中必有美者焉。"此之謂也。

循天之道第七十七

循天之道以養其身，謂之道也。天有兩和以成二中，①歲立其中，用之無窮。是北方之中用合陰，而物始動於下；南方之中用合陽，而養始美於上。其動於下者，不得東方之和不能生，中春是也；其養於上者，不得西方之和不能成，中秋是也。然則天地之美惡，在兩和之處，二中之所來歸而遂其爲也。是故東方生而西方成，② 東方和生北方之所起，西方和成南方之所養長。③ 起之不至於和之所不能生，養長之不至於和之所不能成。成於和，生必和也；始於中，止必

---

① "兩"，原作"雨"，據蘇本改。
② "是故"下，原衍"和"字，據盧本刪。
③ "西方"上，原衍"前而"字，據盧本刪。

中也。中者，天地之所終始也；① 而和者，天地之所生成也。夫德莫大於和，而道莫正於中。中者，天地之美達理也，聖人之所保守也。《詩》云："不剛不柔，布政優優。"此非中和之謂歟？是故能以中和理天下者，其德大盛；能以中和養其身者，其壽極命。

男女之法，法陰與陽。陽氣起於北方，至南方而盛，盛極而合乎陰。陰氣起乎中夏，至中冬而盛，盛極而合乎陽。不盛不合。是故十月而壹俱盛，終歲而乃再合。天地久節，以此爲常。是故先法之內矣，養身以全，使男子不堅牡不家室，陰不極盛不相接。是以故身精明，難衰而堅固，壽考無忒，此天地之道也。

天氣先盛牡而後施精，故其精固；地氣盛牝而後化，故其化良。是故陰陽之會，冬合北方而物動於下，夏合南方而物動於上。上下之大動，皆在日至之後。爲寒則凝冰裂地，爲熱則焦沙爛石。氣之精至于是，故天地之化，春氣生而百物皆出，夏氣養而百物皆長，秋氣殺而百物皆死，冬氣收而百物皆藏。是故惟天地之氣而精，出入無形，而物莫不應，實之至。君子法乎其所貴。

天地之陰陽當男女，人之男女當陰陽。陰陽亦可以謂男女，男女亦可以謂陰陽。天地之經生，至東方之中而所生大

---

① "地"，原作"下"，據蘇本改。

養，至西方之中而所養大成。一歲四起業而必於中。中之所
爲而必就於和，故曰和其要也。和者，天之正也，陰陽之平
也，其氣最良，物之所生也。誠擇其和者，以爲大得天地之
奉也。天地之道，雖有不和者，必歸之於和，而所爲有功；
雖有不中者，必止之於中，而所爲不失。是故陽之行，始於
北方之中，而止於南方之中；陰之行，始於南方之中，而止
於北方之中。陰陽之道不同，至於盛而皆止於中，其所始起
皆必於中。中者，天地之大極也，日月之所至而卻也，長短
之隆，不得過中，天地之制也。兼和與不和，中與不中，而
時用之，盡以爲功。是故時無不時者，天地之道也。順天之
道，節者天之制也，陽者天之寬也，陰者天之急也，中者天
之用也，和者天之功也。舉天地道而美於和，是故物生皆貴
氣而迎養之，孟子曰“我善養吾浩然之氣”者也。謂行必終
禮而心自喜，① 常以陽得生其意也。公孫之養氣曰：“裹藏三
字未詳。大實則氣不通，泰虛則氣不足，熱勝則氣寒，此下疑少
五字。泰勞則氣不入，泰佚則氣宛至，怒則氣高，喜則氣散，
憂則氣狂，懼則氣懾。凡此十者，氣之害也，而皆生於不中
和。故君子怒則反忠而自說以和，喜則反中而收之以正，憂
則反中而舒之以意，懼則反中而實之以精。”夫中和之不可反
如此。

---

① “自”，原作“目”，據盧本改。

故君子道至，而一作氣則。華而上。① 凡氣從心。心，氣之君也。何爲而氣不隨也？是以天下之道者，皆言内心其本也。故仁人之所以多壽者，外無貪而内清淨，心和平而不失中正，取天地之美以養其身，是其且多且治。鶴之所以壽者，無宛氣於中，是故食冰。猿之所以壽者，好引其末，是故氣四越。天氣常下施於地，是故道者亦引氣於足；天之氣常動而不滯，是故道者亦不宛氣。苟不治，雖滿不虛。是故君子養而和之，節而法之，去其群泰，取其衆和。高臺多陽，廣室多陰，遠天地之和也。故人弗爲，適之而已矣。

法人八尺，四尺其中也。宮者，中央之音也；甘者，中央之味也；四尺者，中央之制也。是故三王之禮，味皆尚甘，聲皆尚和。處其身所以常自漸於天地之道，其道同類，一氣之辨也。法天者乃法人之辨。天之道，向秋冬而陰來，向春夏而陰去。是故古之人霜降而迎女，冰泮而殺内，與陰俱近，與陽遠也。天地之氣，不致盛滿，不交陰陽。是故君子甚愛氣而游於房，以體天也。氣不傷於以盛通，而傷於不時，天并。不與陰陽俱往來，謂之不時；恣其欲而不顧天數，謂之天并。君子治身不敢違天，是故新牡十日而壹游於房，中年者倍新牡，始衰者倍中年，中衰者倍始衰。大衰者以月當新牡之日，而上與天地同節矣。此其大略也，然而其要皆期於

---

① “華”，原作“革”，據盧本改。

不極盛不相遇。疏春而曠夏，謂不遠天地之數。

民皆知愛其衣食，而不愛其天氣。天氣之於人，重於衣食。衣食盡，尚猶有間，氣而立終。故養生之大者乃在愛氣，氣從神而成，神從意而出。心之所之謂意，意勞者神擾，神擾者氣少，氣少者難久矣。故君子閑欲止惡以平意，平意以靜神，靜神以養—作愛。氣。氣多而治，則養身之大者得矣。

古之道士有言曰："將欲無陵，固守一德。"此言神無離形，則氣多內充，而忍飢寒也。知樂者，生之外泰也；精神者，生之內充也。外泰不若內充，而況外傷乎？忿恤憂恨者，生之傷也；和說勸善者，生之養也。君子慎小物而無大敗也。行中正，聲向榮，氣意和平，居處虞樂，可謂養生矣。凡養生者，莫精於氣。故天下之君，此物獨死。可食者，告其味之便於人也；其不食者，告殺穢除害之不待秋也。當物之大枯之時，群物皆死，如此物獨生。其可食者，益食之，天爲之利人，獨代生之；其不可食，益畜之。天慭州華之間，故生宿麥，中歲而熟之。君子察物之異，以求天意，大可見矣。是故男女體其盛，臭味取其勝，居處就其和，勞佚居其中，寒暖無失適，飢飽無過平，欲惡度理，動靜順性命，喜怒止於中，憂懼反之正，此中和常在乎其身，謂之大得天地泰。大得天地泰者，其壽引而長；不得天地泰者，其壽傷而短。

短長之質，人之所由受於天也。① 是故壽有短長，養有得失，及至其末之，大卒而必讎，於此莫之得離，故壽之爲言猶讎也。

天下之人雖衆，不得不各讎其所生，而壽夭與其所以自行。② 自行可久之道者，其壽讎於久，自行不可久之道者，其壽亦讎於不久。久與不久之情，③ 各讎其平生之所行。今如後至，不可得勝，故曰：壽者，讎也。然則人之所自行，乃與壽夭相益損也。其自行佚而壽長者，命益之也；其自行端而壽短者，④ 命損之也。以天命之所損益，疑人之所得失，此大惑也。是故天長之而人傷之者，其長損；天短之而人養之者，其短益。夫損益者皆人，⑤ 人其天之繼歟？出其質而人弗繼，豈獨立哉。

---

① "由"，原作"曰"，"天"，原作"人"，據盧本改。
② "自行"，原作"日"，據盧本改。
③ "情"，原作"精"，據盧本改。
④ "自"，原脱，據盧本補。
⑤ "夫"，原作"天"，"益"，原作"夭"，據盧本改。

卷十七

天地之行第七十八

　　天地之行美也，是故春襲葛，夏居密陰，秋避殺風，冬避重漯，就其和也。衣欲常漂，食欲常飢，體欲常勞，而無長佚，居多也。凡天地之物，乘於其泰而生，厭於其勝而死，四時之變是也。故冬之水氣，東加於春而木生，乘其泰也；春之生，西至金而死，厭於勝也。生於木者至金而死，① 生於金者至火而死。春之所生而不得過秋，秋之所生不得過夏，天之數也。飲食臭味，每至一時，亦有所勝有所不勝之理，不可不察也。四時不同氣，氣各有所宜。宜之所在，其物代美。視代美而代養之，同時美者雜食之，是皆其所宜也。故薺以冬美而茶以夏成，② 此可以見冬夏之所宜服矣。冬，水氣也，薺，甘味也，乘於水氣而美者，甘勝寒也。薺爲之言

----

① "金"，原作"今"，據盧本改。
② "茶"，原作"芬"，據淩本改。

濟與？濟，大水也。夏，火氣也，荼，① 苦味也，乘於火氣
而成者，苦勝暑也。天無所言而意以物，物不與群物同時而
生死者，必深察之，是天所告人也。故薺成告之甘，荼成告
之苦也。② 君子察物而成告謹，是以至薺不可食之時，而盡
遠甘物，至荼成就也。③ 天獨所代之成者，君子獨代之，是
冬夏之所宜也。春秋雜物其和，而冬夏代服其宜，則當得天
地之美，四時和矣。凡擇味之大體，④ 各因其時之所美，⑤ 而
違天不遠矣。是故當百物大生之時，群物皆生，而難不惜其
命，所以救窮也。推進光榮，襃揚其善，所以明也。受命宣
恩，輔成君子，所以助化也。功成事就，歸德於上，所以致
義也。是故地明其理，爲萬物母；臣明其職，爲一國宰。母
不可以不信，宰不可以不忠。母不信則草木傷其根，宰不忠
則奸臣危其君。根傷則亡枝葉，君危則忘其國。故爲地者務
暴其形，爲臣者務著其情。

　一國之君，其猶一體之心也。隱居深宮，若心之藏於胸。
至貴無與適，若心之神無與雙也。其官人上士，高清明而下
重濁，若身之貴目而賤足也；任群臣無所親，若四肢之各有

---

① "荼"，原作"芬"，據淩本改。
② "荼"，原作"芬"，據淩本改。
③ "荼"，原作"芬"，據淩本改。
④ "擇"，原作"釋"，據盧本改。
⑤ "各因"，原作"冬"，"之所"，原誤倒，據盧本改，乙正。

職也；内有四輔，若心之有肝肺脾腎也；外有百官，若心之有形體孔竅也；親聖近賢，若神明皆聚於心也；上下相承順，若肢體相爲使也；布恩施惠，若元氣之流皮毛腠理也；百姓皆得其所，若血氣和平，① 形體無所苦也；無爲致太平，若神氣自通於淵也；② 致黄龍鳳凰，若神明之致玉女芝英也；君明，臣蒙其功，若心之神，體得以全；臣賢，君蒙其恩，若形體之靜而心得以安。上亂下被其患，若耳目不聰明而手足爲傷也；臣不忠而君滅亡，若形體亡動而心之喪。是故君臣之禮，若心之與體，心不可以不堅，君不可以不賢；體不可以不順，臣不可以不忠。心所以全者，體之力也；君所以安者，臣之功也。

是以天高其位而下其施，藏其形而見其光，序列星而近至精，考陰陽而降霜露。高其位，所以爲尊也；下其施，所以爲仁也；藏其形，所以爲神也；見其光，所以爲明也；序列星，所以相承也；近至精，所以爲剛也；考陰陽，所以成歲也；降霜露，所以生殺也。爲人君者，其法取象於天，故貴爵而臣國，所以爲仁也；深居隱處，不見其體，所以爲神也；任賢使能，觀聽四方，所以爲明也；量能授官，賢愚有差，所以相承也；引賢自近，以備股肱，所以爲剛也；考實

---

① “若”下，原衍“流”字，據盧本刪。
② “氣”下，原衍“無”字，據盧本刪。

事功，次序殿最，所以成世也；有功者進，無功者退，所以賞罰也。是故天執其道爲萬物主，君執其常爲一國主。天不可以不剛，① 主不可以不堅。② 天不剛則列星亂其行，③ 主不堅則邪臣亂其官。星亂則亡其天，臣亂則亡其君。故爲天者務剛其氣，爲君者務堅其政。剛堅，然後陽道制命。

　地卑其位而上其氣，暴其形而著其情，受其死而獻其生，成其事而歸其功。卑其位，所以事天也；上其氣，所以養陽也；暴其形，所以爲忠也；著其情，所以爲信也；受其死，所以藏終也；獻其生，所以助明也；成其事，所以助位也；歸其功，所以致義也。爲人臣者，其法取象於地，故朝夕進退，奉職應對，所以事貴也；供設飲食，候視疢疾，所以致養也；委身致命，事無專制，所以致養也；竭愚寫情，不飾其過，所以爲忠也。伏節死義，代四時也，而人之所治也安取久留當行之理，而必待四時也。此之謂壅，非其中也。人有喜怒哀樂，猶天之有春秋冬夏也。喜怒哀樂之至其時而欲發也，若春秋冬夏之至其時而欲出也，皆天氣之然也。其宜直行而無鬱滯，一也。天終歲乃一遍此四者，而人主終日不知過此四之數，其理故不可以相待。且天之欲利人，非宜其欲利穀也，除穢不待時，況穢人乎？

---

①　“天”，原作“主”，據盧本改。
②　“主”，原作“王”，據盧本改。
③　“天”，原作“主”，據盧本改。

威德所生第七十九

天有和有德，有平有威，有相受之意，有爲政之理，不可不審也。春者，天之和也；夏者，天之德也；秋者，天之平也；冬者，天之威也。天之序，必先和然後發德，必先平然後發威。此可以見不和不可以發慶賞之德，不平不可以發刑伐之威。又可以見德生於和，威生於平也。不和無德，不平無威，天之道也，起者以此見之矣。我雖有所愉而喜，必先和心以求其當，然後發慶賞以立其德，雖有所忿而怒，必先平心以求其政，然後發刑罰以立其威。能常若是者謂之天德，行天德者謂之聖人。

爲人主者，居至德之位，操殺生之執，以變化民。民之從主也，如草木之應四時也。喜怒當寒暑，威德當冬夏。冬夏者，威德之合也；寒暑者，喜怒之偶也。喜怒之有時而當發，寒暑亦有時而當出，其理一也。當喜而不喜，猶當暑而不暑；當怒而不怒，猶當寒而不寒也；當德而不德，猶當夏而不夏也；當威而不威，猶當冬而不冬也。喜怒威德之不可以不直處而發也，如寒暑冬夏之不可不當其時而出也，故謹善惡之端。何以效其然也？《春秋》采善不遺小，掇惡不遺大，諱而不隱，罪而不忽，以是非正理以褒貶。喜怒之發，威德之處，無不皆中其應，可以參寒暑冬夏之不失其時已，故曰聖人配天。

如天之爲第八十

　　陰陽之氣，在上天，亦在人。在人者爲好惡喜怒，在天者爲暖清寒暑。出入上下左右前後，平行而不止，未嘗有所稽留滯鬱也。其在人者，亦宜行而無留，若四時之條條然也。夫喜怒哀樂之止動也，此天之所爲人性命者。臨其時至上而欲發其應，亦天應也。與暖清寒暑之至其時而亦發無異，若留德而待春夏，留刑而待秋冬也。此有順四時之名，實逆於天地之經。在人者亦天也，奈何其久留天氣，使之鬱滯，不得以其正周行也？是故天行穀朽寅，① 而秋生麥，告除穢而繼乏也，所以成功繼乏以贍人也。

　　天之生有大經也，而所周行者又有害功也，除而殺殖者行急皆不待時也，天之志也，而聖人承之以治，② 是故春修仁而求善，秋修義而求惡，冬修刑而致清，夏修德而致寬。此所以順天地，體陰陽。然而方求善之時，見惡而不釋；方求惡之時，見善亦立行；方致清之時，見大善亦立舉之；方致寬之時，見大惡亦立去之。以效天地之方生之時有殺也，③

---

① “是故”下，原衍“脫”字，據盧本刪。
② “承”，原作“丞”，據盧本改。
③ “地”，原作“子”，據盧本改。

方殺之時有生也。是故志意隨天地，緩急仿陰陽。然而人事之宜行者，無所鬱滯，且恕於人，順於天，天人之道兼舉，①此謂執其中。天非以春生人以秋殺人也，當生者曰生，當死者曰死，非殺物之任擬神明，亂世之所起亦博。若是，皆因天地之化，以成敗物。乘陰陽之資，以任其所爲故爲，惡愆人力而功傷，名自過也。天地之間，有陰陽之氣常漸人者，若水常漸魚也。所以異於水者，可見與不可見爾。其澹澹也，然則人之居天地之間，其猶魚之離水，一也。其無間若氣而淖於水，水之比於氣也，若泥之比於水也。是天地之間，若虛而實，人常漸是澹澹之中，而以治亂之氣與之流通相殽也。② 故人氣和調而天地之化美，殽於惡而味敗，此易之物也。推物之類，以易見難者，其情可得。治亂之氣，邪正之風，是殽天地之化者也。生於化而反殽化，與運連也。

《春秋》舉世事之道，夫有書天■■■■之盡與不盡，王者之任也。《詩》云“天難諶斯，不易維王”，此之謂也。夫王者不可以不知天，知天，詩人之所難也。天意難見也，其道難理。是故明陽陰入出實虛之處，所以觀天之志；辨五行之本末順逆小大廣狹，所以觀天道也。天志入，其道也義。爲人主者，予奪生殺各當其義若四時，列官置吏必以其能若

---

① “天”，原脱，據盧本補。
② “殽”下，原衍“饌”字，據盧本刪。

五行，好仁惡戾任德遠刑若陰陽，此之謂能配天。天者其道長萬物，而王者長人。人主之大，天地之參也；好惡之分，陰陽之理也；喜怒之發，寒暑之比也；官職之事，五行之義也。以此長天地之間。蕩。闕。

天地陰陽第八十一

天地陰陽木火土金水，九，與人而十者，天之數畢也。故數者至十而止，書者以十為終，皆取之此。聖人何其貴者？起於天，至於人而畢。畢之外謂之物，物者投所貴之端，而不在其中。以此見人之超然萬物之上，而最為天下貴也。人，下長萬物，上參天地。故其治亂之故，動靜順逆之氣，乃損益陰陽之化，而搖蕩四海之內。物之難知者若神，不可謂不然也。今投地死傷而不騰相助，投淖相動而近，投水相動而愈遠。由一作猶。此觀之，夫物愈淖而愈易變動搖蕩也。今氣化之淖，非直水也。而人主以眾動之無已時，是故常以治亂之氣與天地之化相殺而不治也。世治而民和，志平而氣正，則天地之化精，而萬物之美起。世亂而民乖，志癖而氣逆，則天地之化傷，氣生災害起。是故治世之德，潤草木，澤流四海，功過名者，所以別物也。親者重，疏者輕；尊者文，卑者質；近者詳，遠者略。文辭不隱情，明情不遺文，人心從之而不逆，古今通貫一作道。而不亂，名之義也。男女猶道

也，人生別言禮義，名號之由人事起也。不順天道，謂之不
義。察天人之分，觀道命之異，可以知禮之説矣。見善者不
能無好，見不善者不能無惡，好惡去就不能堅守，故有人道。
人道者，人之所由，樂而不亂，復而不厭者。① 萬物載名而
所生，聖人因其象以命之，然而可易也，皆有義從也，故正
名以明義也。物也者，洪名也，皆名也，而物有和名。此物
也，非失物。故曰萬物動而不形者，意也；形而不易者，德
也；樂而不亂，復而不厭者，道也。四海之內，殽陰陽之氣，
與天地相雜，是故人言：既曰王者參天地矣，苟參天地，則
是化矣，豈獨天地之精哉。王者亦參而殽之，治則以正氣殽
天地之化，亂則以邪氣殽天地之化，同者相益，② 異者相損
之數也，無可疑者矣。

天道施第八十二

天道施，地道化，人道義。聖人見端而知本，精之至也；
得一而應萬，類之治也。動其本者不知靜其末，受其始者不
能辭其終。利者，盜之本也；妄者，亂之始也。夫受亂之始，
動道之本，而欲民之靜，不可得也。故君子非禮而不言，非

---

① "復"，原作"服"，據盧本改。
② "同者"上，原衍"亂則"，據盧本刪。

禮而不動。好色而無禮則流，飲食而無禮則爭，流、爭則亂。故禮，體情而防亂者也。民之情，不能制其欲，使之度禮。目視正色，耳聽正聲，口食正味，身行正道，非奪之情也，所以安其情也。變謂之情，雖特異物性亦然者，故曰內也。變_{變一作情}之變謂之外。故雖以情，然不爲性說。故曰：外物之動性，若神知不守也。積習漸靡，物之微者也。其入人不知，習忘乃爲，常然若性，不可察也。純知輕思則慮達，節欲順行則倫得，以諫爭僴靜爲宅，以禮義爲道則文德。是故至誠遺物而不與變，躬寬無爭而不以與俗推，眾強弗能入，① 蜩蛻濁穢之中，含得命施之理，與萬物遷徙而不自失者，聖人之心也。

---

① "人"，原作"入"，據盧本改。

題跋附

《崇文總目》

《春秋繁露》，漢膠西相董仲舒撰。案《仲舒本傳》：“説《春秋》事得失，《聞舉》《玉杯》《蕃露》《清明》《竹林》之屬數十篇十餘萬言。”解者但謂所著書名，而《隋》《唐志》《繁露》卷目與今正同。案其書盡八十二篇，義引宏博，非出近世，然其間篇第亡舛，無以是正，又即用《玉杯》《竹林》題篇，疑後人取而附著云。

《中興館閣書目》

《春秋繁露》，漢膠西相董仲舒撰。仲舒，廣川人，説《春秋》事得失，《聞舉》《玉杯》《蕃露》《清明》《竹林》之屬數十篇。颜師古《注》“皆其所著書名”，今《繁露》中有《玉林》《竹林》二篇，《隋》《唐書》及三朝國史志十七卷，今十卷。“繁露”之名，先儒未有釋者。案《逸周書·王會解》“天子南面立，繞無繁露”，注云：“繁露，冕之所垂也，有聯貫之象，《春秋》屬辭比事，仲舒立名或取諸此。”

170

晁公武《郡齋讀書志》

《春秋繁露》，漢董仲舒撰。史稱，仲舒說《春秋》事得失，《聞舉》《玉杯》《繁露》《清明》《竹林》之屬數十篇十餘萬言，皆傳於後世。今溢而爲八十二篇，又通名"繁露"，皆未詳。《隋》《唐》卷目與今同，但多訛舛。

六一先生書《春秋繁露後》

《漢書·董仲舒傳》載，仲舒所著書百餘篇弟，云《清明》《竹林》《玉杯》《繁露》之書，蓋略舉其篇名，今其書纔四十篇，又總名《春秋繁露》者，失其真也。予在館中校勘群書，見有八十餘篇，然多錯亂重複，又有民間應募獻書者，獻三十餘篇，其間數篇在八十篇外，乃知董生之書流散而不全矣。方俟校勘而予得罪。夷陵秀才田文初以此本示予，不暇讀。明年春，得假，之許州，以舟下南郡，獨臥閱此，遂志之。董生儒者，其論深極《春秋》之旨，然惑於改正朔，而云王者大一元者，牽於其師之說，不能高其論以明聖人之道，惜哉！景祐四年四月四日書。

新安程大昌泰之《秘書省書繁露後》

右《繁露》十七卷，紹興間董 所進。臣觀其書，辭意淺薄，間掇取董仲舒策語雜置其中，輒不相倫比，臣固疑非董氏本書。又班固記其說《春秋》凡數十篇，《玉杯》《蕃露》《清明》《竹林》各爲之名，似非一書。今董 進本通以"繁露"冠書，而《玉杯》《清明》《竹林》特各居其篇卷之一，愈益可疑。他日讀《太平寰宇記》及杜佑《通典》，頗見所引《繁露》語言，顧今書皆無之。《環宇記》曰"三皇驅車抵谷口"，《通典》曰"劍之在左，蒼龍之象也；刀之在右，白虎之象也；鉤之在前，朱雀之象也；冠之在首，元武之象也。四者，人之盛飾也"。此數語者，不獨今書所無，且其體致全不相似。臣然後敢言，今書之非本真也。牛享問崔豹：冕旒以繁露者何？答曰：綴玉而下垂，如繁露也。則繁露也者，古冕之旒似露而垂，是其所從，假以名書也。以杜、樂所引，推想其書，皆句用一物，以發己意，有垂旒凝露之象焉，則玉杯、竹林同爲托物，又可想見也。漢魏間人所爲文，有名"連珠"者，其聯貫物象以達己意，略與杜、樂所引同，如曰"物勝權則衡殆，形過鏡則影窮"者，是其凡最也。以連珠而方古體，其殆"繁露"之自出歟？其名其體，皆契合無殊矣。

淳熙乙未，予佐蓬監，館本有《春秋繁露》，既嘗書所見卷末，而正定其爲非古矣。後又因讀《太平御覽》，凡其部彙列叙古《繁露》語特多，如曰："禾實於野，粟鈌於倉，皆奇怪非人所意，此可畏也。"又曰："金干土則五穀傷，土干金則五穀不成。"張湯欲以鶩當鳧祠祀宗廟，仲舒曰："鶩非鳧，鳧非鶩，愚以爲不可。"又曰："以赤統者，幘尚赤。"諸如此類，亦皆附物著理，無憑虛發語者，然後益自信予所正定不謬也。《御覽》，太平興國間編輯，此時《繁露》尚存，今遂逸不傳，可嘆也已。

跋《春秋繁露》本傳作蕃

《繁露》一書，凡得四本，皆有 高祖正議先生序文。始得寫本於里中，亟傳而讀之，舛誤至多，恨無它本可校。已而得京師印本，以爲必佳，而相去殊不遠。又竊疑《竹林》《玉杯》等名與其書不相關，後見尚書程公跋語亦以篇名爲疑，又以《通典》《太平御覽》《太平寰宇記》所引《繁露》之書，今書皆無之，遂以爲非董氏本書。且以其名，謂必類小說家。後自爲一編記雜事，名《演繁露》，行於世。開禧三年，今編修胡君仲方棨宰萍鄉，得羅氏蘭堂本，刻之縣庠，考證頗備。凡程公所引三書之言，皆在書中，則知程公所見者未廣，遂謂爲小說者，非也。然止於三十七篇，終不合《崇文總目》及歐陽文忠公所藏八十二篇之數。余老矣，猶欲得一善本。聞婺女潘同年叔度景憲多收異書，屬其子弟訪之，始得此本，果有八十二篇，是萍鄉本猶未及其半也，喜不可言。以校印本，各取所長，悉加改定，義通者兩存之，轉寫相訛，又古語亦有不可強通者。《春秋會解》一書■■■年■■所集仲方摭其引《繁露》十三條，今皆具在。余又

173

據《説文解字》“王”字下引董仲舒曰：“古之造文者，三畫而連其中，謂之王。三者，天地人也。而參通之者，王也。”許叔重在後漢和帝時，今所引在《王道通三》第四十四篇中，其餘傳中對越三仁之問，朝廷有大議，使使者及廷尉張湯就其家問之，求雨閉諸陽，縱諸陰，其止雨反是。“三策”中言天之仁愛人君。天道之大者在陰陽，陽爲德，陰爲刑，故王者任德教而不任刑之類，今皆在其書中，則其爲仲舒所著無疑。且其文詞亦非後世所能到也。《左氏傳》猶未行於世，仲舒之言《春秋》多用公羊之説，嗚呼！漢承秦弊，旁求儒雅，士以經學專門者甚衆，獨仲舒以純儒稱，人但見其潛心大業，非禮不行，對策爲古今弟一。余竊謂：惟仁人之對，曰仁人者正其誼不謀其利，明其道不計其功。又有言曰不由其道而勝，不如由其道而敗。此類非一是，皆真得吾夫子之心法，蓋深於《春秋》者也。自揚子雲猶有愧於斯，況其它乎！其得此意之純者，在近世惟范太史《唐鑑》爲庶幾焉。褒貶評論，惟是之從，不以成敗爲輕重也。潘氏本《楚莊王篇》爲弟一，它本皆無之，前後增多凡四十二篇，而三篇闕焉，惟《玉杯》《竹林》二篇之名未有以訂之，更俟來哲。仲方得此，尤以爲前所未見，相與校讎。將寄江右漕臺長兄秘閣公刻之，而謂余記其後。嘉定三年中伏日四明樓鑰書于攻媿齋。

胡榘刻書跋①

榘頃歲刻《春秋繁露》於萍鄉，凡十卷三十七篇，雖非全書，然亦人間之所未見，故樂與吾黨共之。後五年，官中都，復從攻媿先生大參樓公得善本，凡八十二，爲十七卷，視《隋》《唐志》《崇文總目》諸家所紀篇卷皆同，唯三篇亡耳。先生又手自讎校，是正訛舛，今遂爲全書，乃録本屬秘閣兄重刊於江右之計臺以惠後學云。嘉定辛未四月初吉朝奉郎宗正丞兼權右司郎官兼樞密院檢詳諸房文字胡榘書。

---

① 整理者按，此跋原書低兩格，無標題，爲方便閱讀，權擬標題如此。